이슈 없는 세상을 꿈꾸는 성찰의 시학

상대성이론의 빈틈

남희철 시집

이슈 없는 세상을 꿈꾸는 성찰의 시학

상대성이론의 빈틈

남희철 시집

문학공원

서시

삶에 지치고
세월에 다친 생채기에 딱지가 앉았나 싶었는데
어느새 다시 긁어 피가 흐른다
잊혀진 기억들은 새로운 상처가 되고
흉터를 남기고 떨어져 나간 딱지들을 모아 책을 엮는다
수많은 날들의 귀퉁이에서 외면받던
젊은 날의 방황이 날 시험하고
그때는 말하지 못했던 숱한 밤들의 고독이
이제사 나의 등을 떠민다
늘 가슴 한켠 묻혀 있던 아쉬움이 길을 나서면
떠나는 사람들은 남겨진 것들의 서글픔을 알까

내일은 바다에 나가리라
어느새 해는 저무는데
그물을 수선하는 늙은 어부의 마음으로 글을 쓴다

2024년 정월 서재에서

남희철

차 례

5 서시

1부 휘청거리는 퇴근길

12 전봇대가 그리운 사연
14 상대성이론의 빈틈
16 2020 봄, 코로나19에 갇히다
18 추억
19 수용소 군도를 지나며
22 대학로에서
24 토정비결 매출 현황
25 고요한 울음
26 어떤 귀향
28 신호등 성명서
30 불안정한 나날들
31 한여름 밤의 이야기
32 지키지 못한 약속
34 즐거운 사라
36 기해년 삼월
37 휘청거리는 퇴근길
38 내 젊음의 가을
40 찌라詩
42 시들은 그리움
44 영월 일기

2부 추락하는 날개

46 추락하는 날개
48 부여 모꼬지
50 기다림 뒤에 그리움
52 창가에 커피 한 잔
53 기말고사와 맞짱을 뜨다
54 어설픈 약속
56 가을 愛
57 겨울 허수아비 장례식
58 나의 詩
59 운무
60 동주유감(東柱有感)
62 보고 싶은 마음
63 이별
64 도시풍경
66 춘천 가는 길
67 포스트잇
68 압정 가라사대

차 례

3부 세월, 화살을 쏘다

- 70 계단 이력서
- 73 족발의 일기
- 76 인칭은유심상법
- 78 석가탑(無影塔) 아르바이트
- 80 유리병의 기부
- 82 여름 콘서트
- 88 거미의 유혹
- 87 벚꽃 지던 날
- 85 가을밤에 한 잔 술을 마신다
- 86 인생
- 87 제국의 몰락
- 88 세월, 화살을 쏘다
- 90 밤·밤
- 92 가을 애상(哀想)
- 94 술래잡기
- 96 차가운 여명
- 97 이별 여행
- 98 이 빠진 징검다리
- 100 젊음, 그리고 회상
- 102 바람의 약속

4부 추근거리는 새벽

- 104 긴급 속보
- 105 파리의 형벌
- 106 한가위
- 107 세월이 가면
- 108 신춘문예 오라이!
- 109 詩그림
- 110 고모님의 이모티콘
- 112 고래의 꿈
- 115 비 오는 날
- 116 막걸리 죽이기
- 118 시월의 마지막 밤
- 120 오월의 신부
- 121 숙제는 자유시
- 122 일회용 비닐장갑의 희생
- 124 담을 허물다
- 126 추근거리는 새벽
- 128 달력에 그려진 동그라미 이력서
- 130 하늘로 간 다방구
- 132 〈시조〉 윤회
- 133 〈시조〉 인연
- 134 〈시조〉 술래잡기

차 례

작품해설

136 이슈 없는 세상을 꿈꾸는 성찰의 시학
　　　김순진(문학평론가·고려대 평생교육원 강사)

1부
휘청거리는 퇴근길

전봇대가 그리운 사연

그놈은 그리 대단한 놈이 아니다
동네에서 있는 둥 마는 둥
그저 그런 놈이다

그럼에도 인맥은 대단해
대한민국에 줄을 대지 않은 곳이 없다
얼핏 들리는 말엔 청와대에도
줄을 대고 있단 소문이 있다

그놈은 곧잘 과외공부하는
대학생들을 도와주기도 하고
월세방 놓는 집주인도 도와준다

사람들이 그놈들 패거리를 싫어해서
점점 동네에서 사라지고 있지만
그래도 심성은 착한 놈이다

내 어느 젊은 날
쨍-하니 추운 겨울밤
한때는 목숨 같았던 그녀가 날 떠났다
만취한 난 동네에서 만난

그놈을 붙들고 하소연했다
기어이 그놈 몸에 오물을 토해냈고,
기대어 엉엉 울어버렸다
놈은 말없이 날 위로해 주었다
한참을
내 젊음이 가도록

동네 강아지 그놈 바짓가랑이에
오줌을 싸고 도망가도 그저, 허허
날갯짓 힘든 참새들과도 놀아주고
가끔은 연 날리는 아이들을
울리기도 한다

옛날에 우리 아부지
처음 그놈한테 줄을 대려고
얼마나 애를 썼던가

이제 그놈 패거리들이 사라져 버린 동네엔
아부지도 없고 그 아름답던 나의 젊음도
놈들을 따라가 버렸구나

상대성이론의 빈틈

어둠은 햇볕 속에서 그림자를 그리고
밝음은 어둠 속에서 점을 찍는다

밥맛도 모르는 숟가락으로 간을 보고
기역니은도 모르는 안경을 끼고 신문을 본다
레일 위에 갇혀있는 기차를 타고 세상 어디든 간다 하고
홀로 서지도 못하는 지팡이에 기대어 인생을 산다
이 세상 어느 곳도 가보지 못한 이정표에게 길을 묻고
걷지도 못하는 신발을 신고 뛰고 있다

기다릴 줄 모르는 시계에게 약속을 배우고
삽질 한번 안 해본 달력에게
계절을 배우고 농사를 배운다

한 번쯤은 천정이 되고픈 마룻바닥을 위해
물구나무를 서고
오늘은 피곤에 지친 지구를 힘껏 들어 올려준다

바퀴도 없고 말도 없는 포장마차를 타고
밤새 달려 철학 강의를 하러 간다
강의료는 개똥이다

〈
나는 지금 할멈에겐 허락도 안 받고
영감을 얻어 시를 쓰고 있다

과학자나 수학자는 출입금지다

2020 봄, 코로나19에 갇히다

겨울이 허물어진 자리에
여백에 선을 긋듯 봄을 건넌다

잎이 떨어진 가지에 꽃잎은 새로운데
강 건너 여의도엔 낯익은 봄이 홀로 서럽다
오가는 사람도 없는 윤중로에
어느새 꽃잎은 떨어지고
다시 만날 기약도 없는데 천지간엔
낯선 불청객이 입을 닫으라 훼살짓을 한다
입 가리고 길을 막는다 한들
봄이 아니더냐

기다림은 또 다른 일상이 되고
고통은 집요하게 배반을 요구한다
아직은 비가 오지도 않는데
저만치 봄은 가고 있구나
전쟁 같은 하루가 지나면
행복한 이별이 다가올까
못 가게 잡아둘 수 없는 시간이기에
갇힌 듯 갇힌 것만은 아닐 게다

계절은 점점 지쳐가고
불청객은 갈퀴눈으로 감시한다

그래도 잎은 떨어지고
새벽엔 신문이 온다

추억

바람이 분다
시골집 담벼락 해바라기 얼굴을 스치며
마른나무 가지를 흔들고 지나간다

따라가던 구름이 담벼락에 머물러
잠자리를 부르면
졸음에 겨운 강아지
얄미운 고양이를 쫓는다

하늘엔 소리개 낮게 날고
놀란 어미 닭은 잽싸게 병아리를 품는다

따가운 오후에 배부른 참새가
순진한 허수아비 불러다 숨바꼭질하면
지나가던 바람이 슬쩍 한편이 된다

시골집 뒤꼍 텃밭엔
어느새 가을이 익어가고
철없는 세월은 뒤돌아서서 나를 찾는다

수용소 군도를 지나며

봄비가 내리면 사월이 가고 청량리 로터리엔 꽃이 진다
꽃잎이 떨어진 가지엔 빗물이 눈물방울처럼 매달려있다

청량리역에서 정동진 가는 기차표를 산다
남은 시간을 기다려 백화점 건너편
옛길을 기웃거려 본다
내 어릴 적 그토록 화려했던 588의 꽃들이
내리는 봄비에 소리 없이 지고 있다

컴컴한 굴다리를 지나 지름길인 꽃길을 따라
대왕코너 앞에서 학교 가는 버스를 타곤 했다
거기엔 생활고에 떠밀려온 어린 꽃들이
짙은 화장으로 얼굴을 가린 채 도발적으로 피어 있었다
다닥다닥 붙어있는 벌집 같은 하꼬방 유리벽 속에
가냘픈 꽃잎들이 경쟁하듯 악다구니를 쓰며 붙어있었다

우리네 설익은 청춘들은
꽃들의 향기를 견디기 어려웠지만
사실 주머니엔 꽃값도 없었다
알고 보면 거기 588은 허가 없는 공장이었다
시골에서 온 누이들이 고향 집에

월급 같은 꽃값을 보냈다
어느 날 집이 그리웠던 병든 꽃이
밤에 몰래 도망을 갔다가
아침에 꽃잎이 다 떨어진 채로 쓰레기장에서 발견되었다
그리곤 꽃상여를 타고 서둘러 하늘나라로 올라갔다
시골서 올라온 한 아비가
공장 다니는 딸을 찾으러 왔다가
폭력배들에게 봉변당하고 길바닥 구경거리가 되었다
개기름이 번들거리는 살찐 포주의 얼굴에서
꽃들의 절망을 보았다
그곳은 정말 수많은 꽃들의 수용소였다
도심에 떠 있는 거대한 꽃들의 섬

시골 가는 막차는 이미 끊어진 지 오래고
일상인 양 어둠은 천박하게 찾아온다
진열장 속 음탕한 붉은색 조명 아래
한껏 치장한 꽃들이 허연 속살을 내보이며
비틀린 세상을 유혹한다
휴가 나온 군인이 하루에 지친 막노동꾼이
상사에게 걸어 채인 넥타이가
거기에 가서 가끔씩 위로를 받곤 한다
어느새 마치 그곳이 없으면
온 나라의 정조를 지킬 수가 없는 것처럼
어처구니없는 당위성까지 갖추게 되었다

시골에서 전학을 온 내 친구 누나도
철옹성 같은 그 섬에서 몰래 꽃을 팔고 있었다

푸르디푸른 우리네 청춘들은
군대 가기 전에 딱지를 떼야 한다고 해서
술 마시고 우루루 수용소엘 몰려갔다
그렇게 소위 하룻밤 인생의 딱지를 떼고
다음 날 아침 입영열차를 타고 논산으로 갔다
하루에도 몇 번씩 한강에 철교를 놓았고
수없이 원산을 폭격하고 나서야
이등병 계급장을 달았다
그때는 다들 그렇게 했다

도심재개발로 이젠 꽃길을 철거하고
초고층 주상복합건물이 들어선단다
허망한 존재의 당위성을 부수고
새로운 섬이 들어서는 것이다

청량리에 꽃이 진다
봄이 가고
내 사월이 간다

대학로에서

- 어느 젊은 광대의 죽음을 공연하다

stage 1

fade-in*
휘청거리는 대학로에 어둠이 내리고
그들만의 무대에 불이 들어오면
풀 발라 전단지를 붙이던 삐에로가
한숨을 섞어내 분장을 한다

눈앞에 보이는 건 암흑 같은 삶이지만
본질을 감추고 열심히 가면을 만들어낸다
한바탕 춤사위가 지나고 객석에 불이 켜지면
그가 토해내던 대본의 싸구려 예술이
눈을 부릅뜨고 현실의 목을 죈다
가방 안엔 편의점에서 산 차가운 삼각김밥 하나
발 빠른 최저임금도 그에겐 호사이다
허기진 밤이 지나면
삐에로의 얼굴에 그려진 눈물 자국이 마를까

---

* fade-in : 연극에서 불이 켜지며 점점 밝아지는 것

stage 2

관객이 떠나가 버린 바람 부는
혜화동 로터리에서 길을 건넌다
삶과 죽음의 문제가 명쾌한 답을 요구하고
이잣돈 낼 날은 한참 지났다
무대 위에서 남의 인생을 살던 광대가
1막 3장 제 인생의 연기 앞에서 절망을 한다
외상으로 살아온 지난날들
청춘은 그저 광대인가

stage 3

그는 오늘 밤 관객도 없는 그의 빈방에서
공연의 마지막 장 죽음을 연기한다
fade-out**

** fade-out : 연극에서 점점 어두워지며 불이 꺼지는 것

토정비결 매출 현황

넷플릭스가 수리남에서
노다지를 캤다고 한다

이정재는 오징어로 노름판에서
벌써 한몫을 챙겼다고 한다

윤여정은 미나리를 팔아 미국엘 갔고
손흥민이는 맨날 사진을 찍고 다닌다

송해는 막차를 타고 떠났고
김신영은 자랑질하러 전국을 돌아다니고 있다

푸틴이 분탕질을 치고 은근히 거드는 왕서방에게
테스형이 한마디 한다 니나 잘해

여왕은 뒤늦게 며느리를 만나러 갔고
아베는 그냥 떠밀려 갔다 아베는 마리아를 만났을까

운명을 흉내 낼 순 없지만 혹시나 하는 마음에
로터리 복권방에서 부적 같은 로또를 열 장 샀다

고요한 울음
- 헤어짐에 대하여

바람은 지나가는 것
억지로 머물려고 하진 않았지만
자리를 지킨다는 것도 그리 쉬운 일은 아니었어
돌이켜 보면 나에겐 선물 같은 시간이었지
쌓여가는 일상들이 모여
추억을 만들고 과거를 만드는 거래
거스를 수 없는 시간이 날 여기까지 데려왔어
초등학교 옆 동사무소 담장엔
아직도 저렇게 장미가 피어 있는데
오월은 또 그렇게 지나가고 있어
그때 나의 아버지 장례식 날에도
바람은 울지 않았지
만장을 펄럭이곤 그냥 떠나갔어
어느덧 아쉬움은 일상이 되었지만
헤어짐 이란 결국
앞서거니 뒤서거니의 차이일 뿐이야

아이들이 떠난 텅 빈 놀이터엔
때 이른 여름이 고요히 울고 있어

어떤 귀향

영업시간이 지난 종로의 전당포 앞 계단
한 사내가 구겨져 있다
남루한 옷가지에 더러운 얼굴
온몸에서 풍기는 체념의 냄새
그가 덮고 있는 것이
잠 인지 죽음 인지 분명치 않다
잠 같은 죽음인지 죽음 같은 잠 인지
아무도 궁금해하지 않는다
그 앞에 던져진 몇 개의 동전만이
때 늦은 그의 잠을 깨우려 한다
다 떨어진 그의 낡은 군용백 속엔
그의 지나온 인생이 담겨 있겠지

무엇을 맡기려 했을까
무엇을 얻으려 했을까

내리는 빗줄기가 달궈진 여름을 식히고 있다
버스는 또 지나가고 무심한 우산들의 행렬이
못 본 척 시야를 가린다
지나치며 수군대는 사람들의 소리가 들리는지
비틀린 사내의 입가엔 서늘한 죽음이

묘한 미소로 새겨져 있다

흐르는 빗물은 어느새 그의 손을 잡아끌고
땅바닥을 두들기며 대성통곡을 한다
한때 선물로 받은 육신을 그렇게 벗어두고
그 사내는 고향을 찾아 떠나고

도시는 아무렇지도 않게 장마 속으로 걸어 들어간다

신호등 성명서

나를 화나게 하지 마
내가 당신들한테 말할 땐 나름 규칙이 있는 거야
내 얼굴이 뻘개지기 전에 누렇게 되면
벌써 당신이 틀린 거야
나를 설득하려 하지 마
기억나지 않는다고도 하지 마
나는 평생을 거짓말을 모르고 살았어
자꾸 변명도 하지 마
색깔론으로 덮을 수 있는 게 아니야
내가 황달에 걸렸다고 만만하게 보지 마
아무리 급하다고 한 번만 봐 달라고 하지도 마
당신과의 야합은 얼룩말의 존재를 무시하는 거야
나는 얼룩말에게 약속을 했어
그 누구도 허락 없이
절대로 너를 올라타지 않게 하겠다고
그저 가벼운 습관이나 관행이라고 넘어가려 하지 마
내가 일이삼사도 모를 거라 생각하지 마
얼마 전엔 사진기도 하나 샀어
얼룩말을 타는 방법은 유치원에서부터 가르치고 있었어
아프리카가 아니라도 너의 자존심은 내가 지켜줄게
언젠가 세월이 흘러 너의 몸에 문신이 희미해질 때면

나의 시력도 떨어질까 두려워

믿음은 약속이야 약속은 곧 생명이야
아무리 졸려도 나는 새벽에도 눈을 뜨고 있어
나의 깜빡이는 시력을 시험하려 하지 마
당신의 너그러운 낙관을 한순간도 허용하지 않을 거야
어쩌면 나는 당신의 비겁한 호주머니를 거덜 낼 지도 몰라
양심에 뻘건 줄을 치고 싶지 않으면 나의 강의를 들어
어쩌면 그게 재태크일 지도 몰라
무엇이 옳고 그른 지 정히 모르겠다면
그냥 내가 사진 한 장 찍어줄게

불안정한 나날들

설레임은 어울리지 않아
길을 가다 보면 맞닥뜨려지는 현상일 뿐
생각해 보면 아무것도 예정되지 않은 것은 없어
어쩌면 다들 모른 척하면서 그냥 지나가는 거야

손에 만져지는 차가운 금속의 냉정함을 느껴봐
너의 목젖을 타고 넘어가는 액체의 정체성를 생각하지 마
새로운 생명의 씨앗은 만들어지는 게 아니야
수정은 선택이 아니니까

벽에 걸린 시계가 달팽이관으로 들어와 둥지를 틀었어
감각은 점점 더 예민해지고
지구의 자전이 너무 빠르다는 걸 느꼈지
반대로 맥박은 점점 느려지고 중력은 사라졌어
나는 이제 지구에서 내리고 싶어
길들여진다는 건 그렇게 일방적이진 않을 거야
더 이상 선택을 시험당하고 싶지 않아
의미를 잃은 목표는 방향을 개의치도 않을 테니

방황이 중요한 건 아니지만
자존심을 털어서 산 부적 같은 날들이야

그렇게 오늘도 하루가 또 지나가고 있어

한여름 밤의 이야기

시골집 여름밤이 깊어간다
기우는 달은 한 잔 술을 권하고
흐르는 구름이 또 한 잔을 따른다

좋은 사람들과의 이야기는 술잔에 녹아들고
시인의 꿈과 소설가의 비극이 서로를 위로한다
권커니 자커니 여름밤을 나누어 마시면
서로 다른 영혼이 간격을 메우고 어깨동무를 한다

바람을 얻어 마신 모닥불은
취한 듯 너울너울 배꼽춤을 추고
논 가의 개구리는 와글와글 추임새를 넣는다

무르익은 분위기는 깊어만 가지만
성급한 새벽이 이야기가 궁금한 듯
은근슬쩍 눈치를 보고
마당의 불길이 사위어 가면
우리들의 여름도 슬그머니 돌아갈 길을 찾는다

지키지 못한 약속

겨우내 얼었던 땅이 녹고
아직 꽃이 피지 않았을 때
내가 너에게 다가가기 전에
너는 내 곁을 떠났다

나의 의지의 가두리 속에 곱게 남아있던 너는
어느새 박차고 나와
내 어머니 임종 시에 그 곁에 같이 누웠다
뻔뻔한 이의 가슴에 아쉬움을 남기고
검푸른 하늘에 그늘이 지면
비로 쓸어 담은 부스러기가 편편이 날리듯
결국 그렇게 너는 떠났다
미련한 가슴에 멍 자국을 남기며
지워지지 않는 문신으로
너는 나를 아프게 하는구나
얼음이 녹기 전에 가슴이 녹아
굳어있던 너의 마음을 안아줄 것을
시간이 가면 저절로 풀릴 줄 알았던 너의 마음이
그리도 갈 길이 바쁜 줄 몰랐구나
헤어지면 만나는 게 순리라지만
돌아올 줄 모르는 너는 나를 스스로 비웃게 한다

서 푼어치도 안되는 시정잡배들의 의리만도 못한
내 거짓 장담의 너스레
하룻밤 노름판에 걸었던 싸구려 목숨이
비겁하게 돌아와 찬물을 들이켠다

나는 오늘 내 어머니의 무덤가에
빛이 바래고 남루해진 너를 묻는다

즐거운 사라

밥 한번 사라 술 한잔 사라
실컷 얻어먹고 배만 나온 대책 없는 내 사라

직장도 사라 벼슬도 사라 성공도 사라 복권도 사라
학생은 입시지옥에 사라 청년은 취업난에 사라
중년은 고달프게 사라 노인네는 외롭게 사라
젊은 놈들 대책 없이 막사라
넌 왜 인생을 그렇게 사라
지나가면 후회하니까 잘 사라
죽지 못해 사라 그럴 거면 왜 사라
코로나19는 왜 사라 앞접시도 왜 사라
이 이는 사라 삼 다음에 사라 오 앞에 사라

귀신은 이태원에만 사라
아이들은 이제 어디에 사라
슬픔은 기억 속에 사라
망각은 기억을 위해 사라

청춘들이 모였을 때 소주를 부르는 삼겹 사라
삶에 지친 중년의 넋두리를 사라
그들이 짊어진 한계를 가늠하지 말고 그냥 사라

영혼을 끌어모아 미래를 사면
거스름돈으론 물음표를 사라
흔들리는 목표가 그늘진 사각에 서 있을 때
어깨동무를 사라
가난한 정의가 술집 앞을 기웃거리면
소주 한 병만 더 사라
너의 미련을 팔지 말고
그의 외로움을 사라
생각이 다른 소통할 수도 없는
표류된 나의 언어를 사라
디케*에게 두들겨 맞은
순진한 마광수는 장미여관에 사라

그래도 나는 시를 쓰며 사라
오늘도 난 즐거운 사라

---

* 디케(Dike) : 그리스 신화에 나오는 정의의 여신 눈을 가리고 한 손엔 저울을 한 손엔 검을 들고 서 있음. 정의의 여신상 : 법의 상징 대법원 앞에 있음.

기해년 삼월
- 그녀의 수갑을 풀다

미세먼지가 천지를 뒤덮어버린 도심에서
나라를 지키던 삼월마저 길을 잃었다

감옥에 갇혀서도 가슴을 뜨겁게 달구었던
누이의 맹세는 퇴색해 녹이 슬고
그녀의 절규는 박물관 속에서
화석으로 굳어져 가고 있구나
서대문 형무소 한 귀퉁이에서
이제는 전설이 되어버린 삼월을 만나
그녀의 수갑을 푼다

광장엔 더 이상 벅찬 함성도 깃발도 없다
날 서린 미움만이 서로를 노려보고
한 줌도 안 되는 욕심만으로 스스로를 부정하고 있다

적은 아직도 문 뒤에서 웃고 있는데
원수를 잃어버린 투사들은 서로를 물어뜯고만 있다

바람은 차갑기만 한데
구경꾼이 되어버린 세월은 훈수도 없이
그저 말없이 길을 나서는구나

휘청거리는 퇴근길

지친 하루가 서창에 걸리었다
지는 해는 아픈 가슴을 불사르고
늘어진 일상은 화려한 폐허가 된다

가석방된 죄수들이 거리에 쏟아져 나오면
달콤한 유혹들은 아무렇게나 팔짱을 낀다
용감한 패잔병들은 전장의 폐허에서
처량한 전리품을 챙긴다
폐허 속에 남아있는 사연들이 서러워
무조건 한편이 되어 위하여를 외친다

어느새 밤이 깊어 인적이 끊어진 종로에서
허공으로 가는 택시를 잡는다
살며 다친 상처는 문신으로 남고
오늘도 나는 거대한 욕망의 도시에서
탈출을 시도한다

집 앞 편의점에서 마녀에게 줄
귀여운 알랑방구를 두어 개 산다

오늘도 나는 매일같이 마지막 퇴근을 한다

내 젊음의 가을

가을이 몰고 온 바람이 거리에 마른 잎을 날리면
마중을 나온 십일 월은 추운 듯 외투 깃을 세운다
도시의 계절은 점점 더 깊어지고
돌아선 사람의 뒷모습에도 외로움이 상처처럼 찍혀있다
보신각 버스 정류장 앞 노점상에서
따끈따끈한 노란 가을을 한 봉지 산다
한 주머니에 손을 같이 넣고
군밤을 나눠 먹던 사람들은 다 어델 가고
극장의 영화 간판만 혼자서 쓸쓸하구나

이맘때쯤이면 자꾸 그리워지는 얼굴들이 있다
덕수궁 돌담길에도 피난처인 종로에서도
통금이 지난 명동거리에서도 있었다
장발 단속 가위에 도망을 다니고
무교동 골목집에서 울분을 안주로 막걸리를 마셨다
귀가 얼얼한 음악다방에서 금지곡을 시켜놓고
밤새도록 해방감을 느끼던 얼룩진 청춘이 있었다
쉘브르에서 생맥주를 마시고 술에 취해
시청 앞 분수대에 같이 오줌을 갈기던 객기가
매캐한 최루탄 냄새와 비벼서 범벅이 되었던 학교생활이
카바이트 불빛이 일렁대는 포장마차에서

자유를 이야기하고
불통이었던 시대에 돌멩이를 집어 던졌던 열정이 있었다

명동성당 아래쪽
사거리 전파사에서 흘러나오던 젊음이
그 시절이 그리워진다

그 시절 내 젊음의 가을은 절망이었다

찌라詩

지하철역 앞에서도 길거리에서도 시를 만난다

공짜 표가 있으니 같이 여행을 가잔다
저를 이번에 국회의원으로 뽑아주면
남북통일을 시켜준다는 놈도 있다 웃기는 놈
어떤 놈은 닭을 한 마리 먹으면
치킨을 공짜로 한 마리 더 준다고 한다
소주 한 병을 더 준다고 한다
기똥찬 언니가 있으니 같이 술 마시러 가잔다
연예인이 성폭행을 했다느니
트럼프가 김정은이의 엉덩이를 걷어차 버렸다느니
은밀히 만나자는 년도 있고
돈 만주면 다 보여준다는 년도 있다 빌어먹을 년
맛없으면 돈을 안 받겠다는 놈도 있고
말만 잘하면 공짜라는 놈도 있다 한심한 놈
일년내내 폐업정리라는 놈도 있고
비싼 걸 싸구려라고 우기는 놈도 있다 얼 빠진 놈
간도 콩팥도 다 사겠다는 쓸개 빠진 놈도 있다
구십이 훨씬 넘은 뒷집 철수네 할머니도 십 년 전부터
늙으면 죽어야지 하면서 계속 산다

이 도시는 어마어마한 시의 무덤이다
길바닥에도 지하철 벽에도 온통 다 시다
시인의 천국이다

지금 나는 종이 한 장에 제 인생을 팔고 사는
위태로운 도시 찌라市에 산다

시들은 그리움

차가운 밤하늘 앙상한 나뭇가지 사이로
쓸쓸한 겨울 달이 걸려있습니다
갈 길은 멀기만 한데 아쉬움만 남아
한 잎 남은 가지를 지키고 있습니다

약속은 없었지만
기다림은 습관처럼 재촉하고
잊으려 했지만
조각난 그리움은 상처로만 남았네요

바람에 떠밀려 무심이 흐르는 구름은
서쪽으로 길을 잡고

싸락눈이 쓸고 간 새벽길
당신 떠나간 발자국 위에
방울방울 서러운 눈물이 떨어집니다

나는 이제 서강에 널어놓은
그리움을 걷어와
내 영혼의 옷을 짓습니다

가슴 한켠 담아 두었던
기억을 꺼내어 깃을 달고
잊을 수 없는 아픔을 베어내
소매를 접습니다

다시 시간이 조금 더 흘러
나의 그리움이 소멸하는 날
내 영혼도 그렇게 시들어 가겠지요

영월 일기

오백 년 도읍 터 너른 궁궐 마당에 가을바람이 분다
세월 따라 켜켜이 쌓인 사연도 스러져갔고
수양도 숙주도 떠나버린 권좌엔
더 이상의 욕망도 원한도 없다

이포나루 건너 천만리 떠나신 고운 님
안타까운 발자취에 따라나선 구름이여
배일치고개 너머 아득히 청령포라
불어오는 바람결에 그리운 님 소식 알까
서쪽 하늘 바라보며 허리를 굽히오니
아름다운 강물도 빼어난 산줄기도 그저 서러운 구속일세
강변엔 붉은 메밀밭 삿갓 쓰고 떠난 이여
막걸리 한 잔 가득 부어 우리 님 대접하리

강 건너 영월 아낙이 부치는 메밀전 향기가
어린 왕의 잠을 깨우는구나

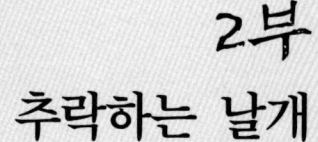

2부
추락하는 날개

추락하는 날개

 도도한 세상의 빗장을 풀고 영원한 탈출을 꿈꾸던 너는 눈감은 진실의 호주머니를 뒤져 네 삶의 모퉁이에 남겨진 마지막 사자 밥을 먹고 그 먼 하늘을 날아가는구나 나는 내 아버지의 장례식 날에도 너의 울음소리를 보았다 만장을 앞세워 길을 떠나는 발걸음이 아쉬워 쳐다본 하늘에 긴 꼬리를 흔들고 우레 소리로 날아가는 너의 흔적이 있었다

 가슴속 작은 불씨 하나가 살아나 불덩어리로 커져 제 한 몸조차 태워버려 마지막 남은 깃털로라도 가고자 하는 욕망이 있구나 날아간다는 것은 살아 있다는 것 알 수 없는 울음소리로 길을 잡아 윤회의 강을 건너면 백번을 다시 태어나도 지금은 어제인 걸 너의 부리로 너의 깃털을 뜯어 황금빛 수의를 지어 입었구나 해질녘 서둘러 둥지를 찾는 너는 너의 그 단단한 부리로 세상을 붙들고 안전한 착륙을 꿈꾸는가

 흐느적거리는 날개를 접고 비겁한 대지에 발을 내디딘 너는 세상과 가위바위보를 하는 야바위꾼 모양 신림동 고시촌 한 귀퉁이에서 비상을 꿈꾸는 청춘들을 끌어 모으려 하는구나 칠흑 같은 어둠을 날고 있는 너는 시퍼렇

게 날이 선 새벽이 올 때까지 너의 날개를 쉬지 마라 날카로운 기류에 퇴화된 시력으로 세상을 보려 하지 마라 본능적으로 착륙점을 찾고 있는 너의 노련하고 억센 발톱의 감각을 믿어라

 그러면 끝없는 비행의 종착점에 산산이 부서져 세상에 흩뿌려질 너의 잔해 속에서 폐허가 된 시인의 심장을 건져 올리리라 아이가 세상을 잉태하고 이제 막 태어난 가지에 첫 번째 열매가 열리면 축제의 너른 마당에 커다란 가마솥을 내다 걸고 사방에 뿌려진 너의 깃털을 모아 꺼지지 않는 불꽃을 지피리라

 몇 겹의 세월이 흘러 너의 겨드랑이에 새로운 생명이 돋아난다 하더라도 다시는 추락을 꿈꾸지 마라

부여 모꼬지

부여엘 간다
모꼬지에서 오는 길에
우린 어느새 백제로 걸어 들어간다
박물관에 화석으로 굳어있던
백제의 숨소리가 가슴을 울리며 살아난다

그 옛날 가족을 베이고 나선
장군의 어깨에 백제가 위태롭게 실려있다
황산벌 너른 벌판에 오천의 피가 흐르고
꽃이 떨어진 절벽 아래엔 백마강이 흐른다
왕의 모습은 이제 어디에도 없다
한 서린 백골은 먼지가 되어 날아갔고
전설은 낮은 소리로 울고 있다
세월 속에 사라진 사비의 영광이여
아…, 나당(羅唐)의 원한을 어이하리
죽은 자의 약속은 귀향이거늘
갈 곳 잃은 영혼은 아직도 밖에서 비를 맞고 서 있다
부소산 소나무 숲 사이로
천오백 년 전 백제의 바람이 분다

고란사에서 차가운 물 한 잔 마시고

학우들과 함께 꽃들의 넋을 위로해 본다
황포돛배가 떠 있는 강변에서
백제와 이별을 한다

다행히 우리와 같이 간 꽃들은 전부
집으로 가는 길이 바쁘다

기다림 뒤에 그리움

삶의 귀퉁이에서
상처받은 영혼은 날 부정하고
남은 이는 가는 이를 원망합니다

세월은 그냥 아무렇게나 가는데
내 어릴 적 기억 한 모퉁이에 남아있던
당신의 그리움이 이제 와 서럽네요

서대문 유진상가 지나 허덕허덕 홍은동
까마득한 언덕길 위 조그만 하얀 이층집
바다 건너 당신의 님은 그저 멀기만 할 때
당신의 외로움은 무슨 색이었나요
홀로 남아있던 집안 구석구석 묻어있던
당신의 아픈 그리움을 그땐 몰랐습니다

부질없는 세월보다 더 무서운 것이 그리움이라 했던가요
당신의 원망이,
안타까운 기다림의 끝에 오는 그리움이
그렇게 서러워 보여
세월은 당신을 데려갔나 봅니다
당신 혼자 가는 그 길은

또 얼마나 무섭고 외로웠을까요

길지도 않은 삶 속에서
그렇게도 치열하게 살았던 당신의 사랑은
어느새 빛바랜 화석이 되어버렸네요

떠나간 것은 당신의 의지가 아닐 텐데
애매한 세월만 그저 원망스럽습니다

지금 저기 저 혜화동 로터리를 무심이 지나치는 바람이
당신은 아니겠지요
해 질 무렵 서강에 드리운 저 서러운 노을이
당신은 아니겠지요
그리움은 항상 기다림 뒤에 오나봅니다

어쩌면 당신은 지금쯤
이 세상 어딘가에서
또 다른 사랑을 하고 있을지도 모르겠네요

나는 이제 내 어머니의 무덤가에
서러운 당신의 그리움을 묻습니다

* 서른다섯 해를 살고 세상을 떠난 이모님을 그리며

창가에 커피 한 잔

창가엔 어느새 십이월의 바람이 분다
미처 옷을 갈아입지도 못한 가로수의
마른 잎을 거칠게 흔들고 지나간다
잿빛 공중엔 첫눈이 벚꽃처럼 춤추며 날리운다
희뿌연 하늘 쪼개진 구름 사이로 차가운 겨울 햇빛 한줄기
날카로운 비수가 되어 가슴속에 들어와 박힌다

오랫동안 잊고 살았던 묵은 감정은
버리지도 못한 싸구려 추억을 주섬주섬 끄집어낸다
그것은 냉동된 열정, 지나간 세월인가
벽에 걸린 작은 액자 속에도 시간은 멈추어 서있다
나는 오래된 무쇠 난로에 새로이 불을 지피고
그녀를 기다린다

그녀와 함께했던 따뜻한 겨울이 익숙하게 말을 걸어온다
추억은 설탕처럼 녹아들고
그녀는 소리 없이 내게 다가온다
부드러운 향기가 온몸을 감싸면
창밖으론 겨울이 옛날처럼 흐른다

기말고사와 맞짱을 뜨다

오늘 난 내 연필이 부러진 걸 알았다
총보다도 강하다던 내 연필이 부러졌다

몇 날 며칠을 날카롭게 갈아
적의 심장을 골라 찔렀다
하지만 나의 적은 죽지 않았다

누가 그랬는가
펜이 총보다 강하다고
하지만 당신의 쌍권총은
한 번도 실수를 안 하고 목표를 죽였다

어설픈 약속

세월은 바람을 따라서 갔고
바람은 세상을 들이받고 시력을 잃었다
아무에게나 승부를 걸고 늘 끌고 가려 한다
삼십삼 년 전 나도 눈이 멀어 끌려가 도장을 찍었다
말뚝을 보고 절도 하고
온 동네를 싸돌아다니며 별도 달도 따러 다녔다
기러기는 날아가는데 파뿌리를 캐라 한다
정신 차리고 광명을 찾았을 때는 이미 늦었다
사육된다는 것이 그다지 불편하지는 않았지만
늘 목이 말랐다

계절이 따라주는 술을 한잔 얻어 마시고
나는 음모를 꾸민다
저놈 바람의 과거를 폭로하고
진짜 불 지른 놈을 찾아야겠다
여기저기 기억이 소개해준 건망증한테도 찾아가고
오지랖 넓은 불면증에게도 물어봤지만
어느새 불은 목구멍을 타고 넘어와
쓸개 옆에 자리를 잡고 신념이 되었다

찬란했던 젊음은 나를 비웃고

어릴 적 알고 지냈던 객기에게서
한번 만나자고 전화가 왔다
하지만 나는 가련한 새가슴 열고 오늘도 주문을 왼다
이사 갈 때는 꼭 강아지를 안고 있어야지

어느새 길거리에는 첫눈이 비틀거리고 있다

가을 愛

구월이 오면 그대 오는 소리 들리는가
그댄 구월이 오면 나를 생각하셨는가

서러운 그대 생각에
뜨거운 여름조차 즐거운 족쇄인데
무심한 그댄 아무렇지도 않게
그냥 그렇게 오시는가

아침에 문득 그대 숨소리 안타까운 날 깨우고
얼마 남지 않은 그리움만 아프게 그댈 맞는다

거리의 가로수 빛바랜 눈물을 떨구고
내가 알던 단풍도 부끄러운 듯 제 얼굴을 붉힌다

세월 지난 구월의 종로에서 무심코 다시 만난 그대
내가 사랑했던 그대는 주름진 나를 기억이나 할까

겨울 허수아비 장례식

해 저문 겨울 들녘에 서서
뜨거웠던 지난 여름을 그리워한다

두 팔 벌려 지켜왔던 황금빛 맹세는 모두 사라지고
식어버린 가슴속엔 기억도 나지 않는
떠나간 우리 님 생각

헤진 옷자락 구멍 숭숭 뚫린 가슴속으로
동짓달 매운바람이 살을 에이며 지나간다

나는 이제 아무도 없는 시골 논둑 가장자리에서
설움에 지친 나의 다리를 접는다

조문객도 없는 을씨년스러운 화장터에서
내 몸을 사르면 남은 시간은 사십구일

어찌할 수 없는 지나간 세월을 뒤로하고
짧은 이생의 인연을 마감한다

나의 詩

나의 시는 술집 작부이다
이놈 저놈 사람 가리지 않고
한잔 가득 술을 부어 세상 모든 걱정 시름
잠깐인들 잊게 한다

세상 사람 모두가 내 님인데
그깟 정조가 뭐 그리 대단하고
젓가락 장단인들 마다하겠는가

내 잔에 담긴 한 잔 술이
지친 그대 가슴을 적셔주고
내가 파는 웃음이, 내가 파는 노래가
힘겨운 세상살이에 잠시나마
위안이 된다면 그것 또한 보시 이거늘
세상 여인네들 입을 모아
나를 가리켜 천박하다 욕을 하네
천박하면 어떠하고 싸구려면 그 또한 어떠하리
우리네 삶 자체가 고해인데

나는 오늘도 그대의 빈 가슴에
한 잔 술을 따른다

운무

비가 온다
산언덕을 넘어가던 구름이
힘에 겨운 시름을 눈물로 내려놓는다
온산에 구름이 연기처럼 번진다
산이 온통 불타는 것 같다

강변을 따라 길게 이어진 철길 위로
바다로 가는 기차가 느릿하게 달려간다

부옇게 김이 서린 가슴으론
세월이 흘러가고
흐르는 구름을 따라나선 바람은
돌아갈 길을 찾는다

한참을 기다려 어둠이 오면
바다로 간 사람들이 그리워질까

덧없이 날려 흩어진 구름이
가슴속으로 들어와
한켠에 눅눅한 미련을 만든다

동주유감(東柱有感)

바다 건너 먼- 이곳은 남의 나라
카모가와(鴨川) 강변을 따라 내려와 다리를 건너면,
그가 다니던 대학교정
육 첩 방보다도 작은 그의 시비(詩碑) 앞에서
시인을 만난다

이제사 찾아온 미안한 부끄러움에
눈을 감고 가만히 기다린다
나는 무엇을 찾아 외국엘 왔는가
세월이 흘러 그가 거닐던 이 교정엔
이젠 강의를 들으러 갈 늙은 교수도
시인도 없구나

그저 스쳐 가는 바람결에 안타까운 마음을 모아
꽃이 되고, 펜이 되고, 소주가 되어
시인의 영혼을 불러본다

당신은 어느 곳에 있는지요
당신은 멀리 북간도에 있는지요

마지막 동무들과 소풍갔던 우지 강변

아마가세 다리 위에 시인을 만나러 간다
아마 이만큼 쯤이었으리라
그가 서 있던 자리가

가슴 한켠이 먹먹해져 온다
가만히 눈을 감고 있으면 여기서 그가 불렀던
아리랑이 들려올 것만 같은데

풍경은 그대로인데
다리 밑으로 무심이 흐르는 저 강물은
그를 기억하고 있을까
그를 기억하는 강물은 이미 오래전 흘러가
바다를 만났으리라

터벅터벅 돌아서 오는 길에
시인의 하숙집을 지나 내려오면
시모가모 경찰서
그가 체포되었던 이곳마저도
이젠 안타까운 그리움의 대상이 되었구나

계절이 지나가는 길목에서
시인의 하늘을 바람을 별을
그리고 시를 만나고 싶다

보고 싶은 마음

깊은 밤 갑자기 깨어나
잠깐 당신을 보러 갑니다
이러면 안 되는데 하면서도
요즘 부쩍
당신 보고픈 맘을 참기가 힘듭니다
황혼 로맨스?

잘 아는 동네 병원 집 영감태기가
그냥 나이 탓이랍니다
밤에 마누라 몰래
당신 보러 다니기도 힘들고

요강이나 하나 마련할까요

이별

비 오는 강둑에
우산을 쓰고 서서 기다린다

강물이 흘러오는 쪽인가
바라다본다
둑을 따라 길게 이어진 산책로엔
아무도 없다
비에 푹 젖은 벤치에
빛바랜 나뭇잎 하나만 앉아있다
다시 강물이 흘러가는 쪽인가
고개를 돌려본다

애타는 마음은
건너편 강둑에 있을 것 같은
미련을 찾아 다리를 건넌다

건너편 강둑엔
비에 젖은 가로등 밑에
주인을 잃은 낯익은 우산 하나 누워있다

눈물처럼 비가 온다

도시풍경
- 비 오는 밤

차창 밖으로 어둠이 따라온다
거리의 가로등에 하나둘씩 불이 들어오고
불 켜진 플랫폼엔 집으로 돌아가는 사람들의
발걸음이 바쁘다

비에 젖은 도시는 흐릿한 시야 속에 잠들어가고
지하철역 앞 포장마차엔 취객들의 철학이 흘러 넘친다
닭발 굽는 냄새 시큼한 막걸리 냄새 사이로
연인 인듯한 커플이 한 우산 속에 도란도란 걸어간다
사십 년 전 내 인생이 따라가며 뒤돌아 나를 부른다
나를 스치며 지나간 시간은 그리움으로만 남아
이 도시 곳곳에 흔적을 남겨 놓았다
방금 노래방에서 쏟아져 나온 얄궂은 중년 남녀들이
삼삼오오 짝을 지어 삼차를 외친다
흥얼거리는 노랫가락 속에 왠지 짙은 회한이 묻어난다
저들에게 남은 내일은 무엇일까
불확실성의 사회를 탓하는 건 괜한 넋두리일 뿐이다
이제는 미래보다는 지나간 날에 매달려 사는
사람들의 모습이 슬프기만 하다
가슴속으로 설렁설렁
때아닌 가을바람이 분다

〈
나는 오늘 여행에서
경품으로 받은 우산을 펼쳐 들고
흔들흔들 집으로 돌아간다
세월 속으로…

춘천 가는 길

비가 온다
춘천 가는 기차 통로에 자리를 펴고
막걸리 한 잔을 마신다
기타를 꺼내 노래를 부르며
열정을 토해낸다
눈총을 안주 삼아 젊음을 마시던
그때가 그리워진다

세월이 흘러 주름진 얼굴에
그 시절 마음을 담아
경춘선 전철에 몸을 싣는다
추억을 안주로 세월을 마신다

비가 오는 차창에
손가락으로 옛사랑을 그리면
창밖으로 그리움이
비처럼 온다

포스트잇

당신은 정말 붙임성이 좋습니다
처음 보는 사람이든 아니든, 남녀노소를 불문하고
당신은 누구에게든 잘 다가갑니다
하지만 당신은 또 금방 쉽게 헤어지기도 잘하지요
무슨 카사노바도 아니고
당신은 그렇게 쉽게 붙었다 떨어지곤 하며
자기 할 말만 하고는 쉽게 가버립니다
당신은 당신이 간다고 생각할지는 몰라도
결국엔 당신이 버림을 받는것 이지요
오늘 아침엔 나도,
밥 굶지 말고 다니라고 말하는
당신을 떼어놓고 학교로 갑니다

젠장, 밥을 해주든가…

압정 가라사대

당신은 꼭 그렇게 찔러야만 합니까
당신은 참 이상한 버릇이 있습니다
찌르지 않고는 말을 할 수가 없나요
물론 당신 말은 다 옳은 말이고
여러 사람이 명심해야 할 말이겠지요
근데 한편으론 당신 말은
정말 사람을 피곤하게 할 때가 많습니다

꼭 꼭 찔러가면서
무얼 어떻게 해라, 뭐는 하면 안 된다
밥 굶고 다니지 마라
빨랫감은 바구니에 넣어라
김치는 냉장고에 있다
사골국물은 매일 한 번씩 끓여 놓아라
마누라가 여행이라도 갈라치면
당신은 점점 더 말이 많아집니다

그렇게 꼭꼭 찌르면서 말 안 해도
나도 다 알거든요

3부
세월, 화살을 쏘다

계단 이력서

나는 공무원이다
내가 근무하는 직장은 지하철 1호선 청량리역이다
뭐 그리 대단한 일을 하는 건 아니고
정해진 위치에서 통행하는 사람들이
안전하게 다닐 수 있도록 안내하며 도와주는 것이다

아침에 출근하는 직장인들부터
동창회 가는 아줌마들
꽃놀이 가는 영감님들
저녁엔 술 취한 취객들까지
정말 다양한 사람들을 만난다

1974년 역이 생긴 이래 40년 넘게 이 직장을 지켜왔다
나는 이곳이 좋다 천직이다

그런데 언제부턴가 요상한 놈이 새로 들어왔다
일은 나와 같은 부서인데 화려한 차림새에
뭔가 나와는 많이 다른 것 같다
외국물을 먹은 놈이라 이름도 영어다
근데, 그놈은 꼭 승객들과 같이 다닌다
사람들이 역 바깥으로 나갈 때까지

손을 꼭 붙잡고 같이간다
그리고 들어오는 사람들 역시
손을 잡고 안내한다
젠장 할 놈!
그런다고 누가 월급을 더 주나

나는 한곳에 멈춰 서서
그저 바라만 보아도 힘이 드는데

그놈은 쉴 새 없이 사람들과 같이 다닌다
그래서 그런지 사람들도 그놈을 엄청 좋아한다
내 앞으로 다가오다가도 멀리서 그놈이 보이면
주저 없이 얼른 그쪽으로 달려간다
이제는 연세 드신 어르신들도
그 서양 출신 놈을 조금 두려워하긴 하지만
내심 나보다 그놈을 더 좋아하는 것 같다

나는 갑자기 불안해졌다
저놈이 내 자릴 빼앗고 날 쫓아낼 것만 같다
난 혹시나 해서 종각역에 근무하는
입사 동기에게 전화해보았다
아니나 다를까 역시 그곳에도
벌써 그놈들이 설친다고 한다
어찌해야 하지

〈

그러던 어제 그놈이 기어코 결근을 했다
과로가 심해서 3일간이나 꼼짝을 못한다고 한다
그러면 그렇지 40년간 결근 한번 없는 나를 네놈이 감히
그놈이 앓아눕자 사람들은 다시 나를 찾아왔다
일하는 맛이 났다

하지만 한편으론 그놈이 불쌍해졌다
그놈이 아무리 일을 잘하든 못하든
우리는 같이 일을 해야 하는
직장동료인 것이다
일하는 방법의 차이일 뿐
승객을 사랑하는 마음은
나와 다르지 않은 것을

하지만 난 아직도
그놈 이름은 익숙해지지 않는다
그 뭐 에스컬레이터라나 뭐라나

지금도 그놈은 내 옆에서
승객들 손을 잡고 신나게 가면서
가만히 서 있는 나에게
윙크를 날린다

족발의 일기

나는 나름 꽤 유명인이다
그야말로 뼈대 있는 집안의 자손이다
우리 집안은 주로 장충동 쪽에서
집성촌을 이루어 살았다
지금도 그곳엘 가면
고모네 집도 있고 할머니네 집도 있다
사람들은 남여노소를 불문하고 다들 나를 좋아한다
직장에서 그들은 내가 나타나기만 하면
우와, 합창을 하듯 감탄사를 내뱉는다
나는 여러 사람들과 토론하는 것을 특히 좋아한다
시시콜콜한 개인사로부터
북핵 문제 등 국제정세에 이르기까지
모든 주제를 마다하지 않는다
어느 땐 젊은이들과
밤새도록 논쟁을 벌이며 놀기도 한다
그러다 보니 술도 엄청 좋아한다
소주 맥주 막걸리 종류 불문 두주불사다

한번은 어느 예쁜 여학생들과 술 한 잔 하면서
그녀들의 연애 이야기를 들어줄 때가 있었다
어지간히 술이 오르자 내가 제안했다

우리 2차는 어디 분위기 근사한 레스토랑에 가서
와인이나 양주를 마시자!
순간 그녀들은 일제히 깔깔거리며 박장대소했다
어리둥절해하는 나에게 하는 말이 너는 생긴 게 그래서
와인이나 양주는 안 어울린단다
레스토랑 문 앞에서 쫓겨날 거라 한다
나쁜 년!
사람을 생긴 걸로 판단하다니 뼈대 있는 집안 자손을
너 얼굴 죄 뜯어고친 거 내가 다 알고 있거든
소심한 나는 혼자 중얼거린다

오늘은 웬 근사한 신사가 직장으로 나를 찾아왔다
멀리서 내 소문을 듣고 차로 모시러 왔다고 한다
출장비도 선불로 두둑하게 내어놓는다
난 흔쾌히 따라나섰다
보통 때는 오토바이를 타고 다니지만 오늘은 벤츠다
그 집은 부부가 노모를 모시고
아이들 둘과 함께, 다섯 식구가 살고 있었다
에이 친구를 한 명 더 데려올 걸 그랬나
할머니께선 나를 보곤 남자가 어찌 이렇게 의젓하면서도
부드럽게 생겼냐며 정말 좋아하신다
돌아가신 우리 어머니 생각이 나서
나는 온갖 나의 실력을 다 발휘하여
그 가족과 함께 신나게 놀아주었다

온 가족이 나의 출현에 이리 좋아하니
정말 힘든 것도 몰랐다
그런데 다 끝나고 돌아가려 할 때
이번엔 그 집 강아지가 놀아 달라며 나를 붙든다
아니 이놈도 나를 알아보는가
좋아서 어쩔 줄을 모른다 안 된다고 할 수도 없고
하이고 그놈의 개새끼
사람을 물고 빨고 어찌나 핥아 대는지
정말 죽는 줄 알았다
나는 또 속으로 중얼거린다
복날을 조심해라

아, 피곤하지만 오늘도 보람찬 하루였다
앞으론 강아지 있는 집엔 가지 말아야지

인칭은유심상법

얼마 전에 나는 드디어 그녀를 만났다
사실 그녀는 오래전부터 내가 동경해왔던 사람이다
긴 망설임 끝에 나는 그녀를 만나기 위해
그녀가 다닌다는 대학의 국문학과에 입학을 했다
그리고 그곳에서 그녀를 만난 것이다
두근거리는 가슴을 안고 첫 만남에
그만 그녀에게 좋아한다고 고백했다
오랜 시간 그녀를 생각해 왔다고 했다
그녀도 내가 싫지는 않은 것 같다
우리는 천천히 데이트하기로 했다
서로를 알아가기에는 아직 시간이 많이 필요한 것이니까

나는 항상 그녀에게 적극적이었다
좋아한다고, 사랑한다고 매일같이 내 진심을 이야기했다
내 마음을 알아달라고
그럴 때마다 그녀는 나에게 설교하듯이 이야기한다
사랑이란 게 꼭 그렇게
직설적으로 표현을 하는 건 아니라고
그러면 오히려 그 말의 진정성이 떨어진다고 한다
그리고 그런 말은 이미 이놈 저놈
숱한 놈들에게 수없이 들어봤다고 한다

그러면서 그녀는 쉽게 나에게 속내를 내어놓지 않는다
나를 좋아하느냐고 물어보면 너는 마치 설탕 같다는 둥
말일 날 받아보는 월급봉투 같다는 둥
아리송한 말로 사람의 애를 태운다
그냥 좋으면 좋다고 얘기해주면 좋을 것을
나를 싫어하는 것 같지는 않은데 왜
솔직하지 못한 것일까

그래도 그녀의 이야기를 듣고
집에 와서 가만히 생각해 보면
분명히 나보다 더 나를 좋아하는
그녀의 마음이 절실하게 느껴진다

석가탑(無影塔) 아르바이트

여기서 당신을 만날 줄은 몰랐습니다
얼핏 보기에도 나이가 꽤 많아 보이는 당신이
이런 술집에서 일한다는 사실에 의아해했습니다
그러면서도 당신에게 어떤 연민보다
먼저 분노를 느꼈습니다
지조를 말하는 것도 아니고
생활고를 얘기하자는 것도 아니지만
당신은 거기엔 어울리지 않아 보였습니다

당신의 고향은 신라 천년의 고도 경주가 아닙니까
그중에서도 최고의 가문이 아니였습니까
그 화려한 도량에서 당신을 만났었습니다
그런데 이게 웬일입니까
이 오염된 서울의 순댓국집 한 귀퉁이에
사람들의 시선이 집중되는 곳에
그렇게 당신이 서 있을 수 있다니요

난 처음엔 설마 당신이 아닌 줄 알았습니다
그런데 사람들이 이구동성으로 말하더군요
이 집의 컨셉이 고전이라고요
그것이 결국은 당신까지 스카웃해왔군요

〈

명예를 팔아 무엇을 얻을 수 있는지는 모르겠지만
그렇게도 당신을 기다리던 아사녀의 그리움을
당신은 알기나 하시나요
달 밝은 호숫가에 혹시나 당신의 그림자가 비칠까 하여
하염없이 기다리던 그 절절함을

유리병의 기부

나 어릴 적 동네 어귀에
엿장수 가위 소리가 쩔걱쩔걱 들려오면
당신은 항상 동네 아이들을 불러 모아놓고
엿을 사주곤 했지요
그 호박엿의 달콤함에 취해
당신이 어떻게 엿값을 치르는지는 관심 밖이었고요
아마 그 시절 당신에게 엿을 얻어먹지 않은 아이는
한 명도 없었을 겁니다
수줍음을 잘 타는 저도 엿이 먹고 싶으면
곧잘 당신 손을 잡고
달려가곤 했으니까요

그뿐인가요
당신은 동네 꼬맹이들에겐 엿과 강냉이를 사주었고
가난한 고학생들에겐 학용품도 사주고
때론 동네 아주머니들에게
큰돈은 아니더라도 반찬값을 보태기도 하고
생활이 어려운 할아버지 할머니에겐
항상 쌈짓돈을 만들어드렸습니다
그건 희생이었습니다

이젠 더 이상 꼬맹이들도 알바생도
당신을 찾진 않지만

부끄럽습니다
육십을 살아오는 동안
한 번도 남을 위해 살지 못했습니다
그저 가끔씩 방위성금이나 수재의연금 몇 번 내는 걸로
자위하며 살았지요

희생이란 게 자기 몸을 던지지 않고는
얘기할 수 없다는 걸
오늘 당신을 보고 다시 한번 깨닫습니다

여름 콘서트

여름은 우리들의 꿈과 사랑을
가득 싣고 동해 바다로 달려간다

기타 소리에 하루해는 저물고
피워놓은 모닥불 주위에 둘러앉으면
우리들의 화려한 여름 축제가 시작된다

하늘엔 한가득 별이 쏟아지고
멀리 밤바다엔 파도가 하얗게 부서진다
타오르는 불길 속에
우리의 젊음을 내던져
목청껏 여름을 노래한다

이 밤을 사랑하고 우정을 노래한다
울려 퍼지는 여섯 소리와 함께
우리들의 청춘이 따라 흘러간다
잊고 살았던 미련과 아쉬움을
한데 모아 불을 사른다

아, 다시 오지 않을 시간이여
우리들의 여름이여
이 밤이 새도록 너를 노래하리라

벚꽃 지던 날
- 그 쓸쓸함에 대하여

당신은 항상 소리 없이 찾아오지요
차마 일주일을 기다려 주지도 못하고
봄비 내리는 날 아침에
당신은 그렇게 속절없이 내 곁을 떠나요
첫봄의 화사함 속에도
이별의 아쉬움을 함께 해야만 한다는 걸
그렇게 강조하셔야 했나요
당신이 떠나간 자리에 남아있는 흰색의 카펫은
차라리 서글픈 쓸쓸함이네요

내년엔 봄이 온들
당신은 오지 않았으면 합니다
아직 나의 봄이 그 쓸쓸함을 견디기엔
너무나 짧으니까요

거미의 유혹

그는 잘 알려진 건축가이다
한 치의 흐트러짐도 없이 정확한 치수로 집을 짓는다
풍수지리에도 밝아 항상 교통의 요지에 터를 잡는다
기하학적인 디자인을 좋아하는 그는
겉보기에도 매우 화려하고 정교한 집을 짓는다
하늘을 잘라 유리창을 끼우고
아침이슬 방울에도 젖지 않는 걸 보면
방수 공사도 완벽하다
그는 도와주는 일꾼도 없이 늘상 혼자 집을 짓는다
그리고 정작 자기는 헛간에 기거하며
집은 다른 사람에게 임대하려고 한다
그리곤 다 먹고살기 위해 집을 짓는다고 한다
하지만 아무도 그의 집을 분양받으려 하질 않는다
따지고 보면 그의 집은 화려하긴 하지만
구조적으로 튼튼하거나 그리 오래가진 않는다
오로지 힘없고 약한 무리 들만 멋모르고
그의 속임수에 가끔씩 걸려들어
사글세로 얼마간 살기도 한다

그는 오늘도 그의 집을 팔아먹고자
똥줄 타게 집을 짓는다

가을밤에 한 잔 술을 마신다

쌀과 누룩에 바람을 담아 술을 빚는다
체에 받쳐 절망과 한탄을 걸러내면
그대로 노래가 되고 시가 된다

아무렇게나 휘둘린 청춘이
항아리 속에서 익어
연륜의 향기를 품으면
달 좋은 가을날 오랜 벗을 초대해
이 밤을 새우리라

한 순배 돌고 보니 친구는 간데없고
잔을 들고 있는 건 홀로 남은 세월이라
새벽이 온들 아깝지는 않으나
동이에 남은 술이 그저 슬프구나

인생

거리에 뒹구는 낙엽이 시월을
가라한다

서산에 걸린 붉은 미련은 아쉬워 말고
가라한다

저문 강변에 스산한 갈바람 소리 나의 청춘을
가라한다

엊그제 떠나간 우리 님 기다리지 말고 그냥
가라한다

손톱만큼 남은 새벽달은 여명이 오나 망보며 속절없이
가라한다

그제사 돌아보니 하릴없는 아쉬움만 남아
나의 등을 밀어대며 어여 가라한다

제국의 몰락
- 도어스톱

푸른 초원을 달리던 제국의 영광이여
아시아를 넘어 유럽을 향해 치달려 가던
칸의 위대함이여

그들의 말발굽 아래 세계는 숨을 죽였고
모든 황제의 군대는 멈춰서서
그들의 정복을 찬양했다

거칠 것이 없는 무서운 정복자의 발걸음은
모든 걸 멈춰 세웠고 세계 위에 서서 군림했다

이십일 세기에 부활한 스테인리스 말발굽은 지금
닫히려고 하는 나의 서재 방문을
붙들어 멈춰 세워 정복을 인정하라고
요구하고 있다

세월, 화살을 쏘다

오늘도 난 잠에서 깨어나
당신과 함께 하루를 시작합니다
하지만 애초에 난 당신의 존재에 대해
그다지 신경을 쓰지 않았습니다
당신과 달리기 같은 건 더 더욱 하고 싶지 않았고요
학교에 들어가선 점점 더 당신을 경외시했습니다
동작도 느리고 항상 뒤처져서
어슬렁거리는 당신이 싫었습니다
그 당시 나는 항상 당신보다
빨리 달려가고 싶어 했습니다

어느새 20대가 되고 30대가 되어선
나도 모르게 당신과 죽이 맞았습니다
살맛 나는 시절이었죠
그리고 사십의 불혹이 되어선
왠지 당신이 불편해지기 시작했습니다
당신의 발걸음이 조금씩 빨라지고
나를 앞서서 달려간다고 느끼기 시작한 건
지천명의 오십 대 때였습니다
당신은 점점 더 나를 압박하고
나는 항상 당신에게 끌려가고 있다는 걸

느끼게 되었지요
육십이 되어선 난 일부러 당신을 외면하려 했습니다
하지만 당신은 어느새 나를 무섭게 다그치기 시작했습니다
점점 더 빨리 가자고
나는 이젠 정말 천천히 가고 싶은 데 말입니다
하지만 당신은 나의 체력 상태는 아랑곳 하지 않고
무조건 빨리 가자고 합니다

예전에 당신과 이야기할 땐
꿈을 이야기하고 희망을 노래했습니다
온통 미래에 대한 기대감뿐이었지요
요즈음 당신과의 대화는
진한 그리움과 아쉬움, 후회뿐입니다
주름진 얼굴에 빠지다 남은 흰 터럭
당신이 이렇게 무서운 사람인 줄
그땐 정말 몰랐습니다

당신이 쏜 화살은 곧 어느 과녁엔가
날아가서 박히겠지요

밤 · 밤

밤이 되면 언제나 일탈을 꿈꾼다
밤을 새워 추구했던 이상은
오간 데가 없이 사라지고
온 세상의 그림자가 한데 모여 이 밤을 만든다
청량리역에서 밤 기차를 타고
밤을 새워 달려 정동진엘 간다
허름한 변두리 카바레 밤무대에
싸구려 광대가 슬프게 웃긴다
밤막걸리를 마시며 밤의 기운을 빌려
밤새 준비해둔 속마음을 털어놓는다
오래전 다가온 첫날 밤의 설레임은
이미 희미해진 여운이다
백 밤을 자고 나면 사람이 된다던
그들은 어찌 됐을까
세 밤만 자고 오겠다던 그 님은 어디 쯤일까
호주머니에 넣어둔 군밤을 까먹으며
함께 걸었던 그 길엔
아직도 그리움이 남아 있을까
밤새 내리던 빗줄기도 이젠 가늘어졌다
밤비에 푹 젖은 미련은
이제 밤톨만큼도 남아있지 않다

시골집 뒷산에 그 많던 밤나무엔
아직도 가을이 많이 달렸겠지
지난봄 밤벚꽃놀이를 갔던 학우들은
그 밤을 기억하려나
밤벚꽃놀이와 밤막걸리의 추억이
우리들 가슴속에 추억으로만 남아있다
밤하늘엔 셀 수 없는 많은 별들이
우리들의 인연만큼이나 흘러간다
밤이 점점 더 깊어간다

가을 애상(哀想)

마당에 모닥불은 사위고 굿판은 끝났다
광대도 없고 고수는 벌써 집엘 갔다
객도 주인도 떠난 빈자리
철딱서니 없는 하루살이만 남아 악다구니를 쓰고
천지간에 분수를 모르는 개구리들은
우물 안에서 짖어대고 있다
갈바람에 밀려 드러난 하늘엔 처량한 그믐달
무엇을 기다리고 있는 것인가
축제는 끝났고
더 이상 광장은 우리의 것이 아닌데
귓가에 아직 날라리 소리 쟁쟁하건만
상쇠는 간데없고 멍석 위엔 주인 잃은 꽹과리
돌아서 가는 길에 쓸쓸한 가로등만이
이 도시를 지키고 있다
이젠 여름의 흔적은 어디에도 남아있지 않다
그 뜨거웠던 거리에 잎이 지고
길거리 포장마차에도 시장통 노점상 좌판 위에도
가을이 툭 툭 지고 있다
가슴을 에일 듯 절절했던 약속은 희미해졌고
다시는 세상에 오지 않으리라
통한의 아쉬움도 처연한 추억이 되었다

부질없는 욕심은 다 놓아 버렸어도
한줄기 미련만이 남아 나를 붙드는데
저만치 앞서간 세월이 어서 오라
자꾸 재촉한다

시월이 가고 내 가을이 가고 있다

술래잡기

어둠을 틈타 거리에 게릴라처럼 눈이 내렸다
기회를 노린 세상의 온갖 색깔들은
흰색의 위장막 속에 몸을 감추고
재기의 타이밍을 노리고 있다
점령당한 도시엔 움직이는 모든 것 들의
어지러운 발자국만이
숨은 자를 찾아 나서고 있다

어릴 적 장롱 속에 숨어서
술래를 기다리다 잠이 들었던 기억
저녁 무렵 숨어있던 아이들은 다 집에 가고
점점 짙어지는 어둠 속에
혼자만 남겨졌던 술래의 두려움이 있다
못 찾겠다 꾀꼬리
파란 겨울밤 그때 전봇대에 붙들린 조각달은
나머지 반쪽을 찾았을까
술래는 숨은 자의 초조함을 알지 못하고
숨은 자는 술래의 조바심을 이해하려 하지 않는다

소풍날 보물찾기하듯 살아온 날들
두 눈을 부릅뜨고 찾지 않아도

이 계절이 가면 스스로 나타날 것을
짧은 평생 동안 무얼 그리 안타깝게 찾아 다녔는가
인생은 술래잡기인가
아무것도 감추지 않은채 태어났건만
어찌해 평생을 감추고
죽을 때까지도 결국은 한 자락 감추고 가는구나

자 이제 술래의 옷을 벗고
저 끝없는 자연의 공간 속에 숨어 버리자
세상이 우리를 찾을 수 없도록

차가운 여명
- 윤회에 대하여

어둠은 지나간 시간의 그림자
다가올 새벽의 날카로움에 찢겨진다
진실은 고통의 끄트머리에서 너의 나신을 드러내며
망각의 종말을 선언한다

희미한 기억의 자락을 붙잡고 한 걸음 더 나아 가면
돌이킬 수 없는 운명은 제멋대로 계획을 짠다

서둘러 발걸음을 재촉해 예정에 없는 길을 따라나선다
굳세어진 바램은 새벽의 기운을 쪼개며
다가올 운명에 저항한다
쪼개짐의 아픔을 겪지 않는 아름다움이 어디 있으랴
알 속에 갇힌 세상은 결국 어둠인걸
평생을 걸치고 다닌 미련의 자락을 이제 벗어놓는다
새로운 시작의 출발점은 언제나 지나온 종말의 뒤편이었다

빛나는 아침의 약속을 잊지 않고 다시 또 앞으로 나아간다
서늘한 어둠의 기억은
차갑게 날이 선 새벽의 이별을 맞는다
너는 어둠의 모가지를 베이고
그렇게 아침은 핏빛으로 찬란하게 밝아온다

이별 여행

친구를 보내러 부산에 간다
관속에 누워있는 친구 얼굴을 들여다본다
영혼이 빠져나간 육신은 서글프지도 않다
불꽃은 육신을 태우고 세상에 왔던 흔적은 고작 한 줌
저기 저 자갈치와 서면, 남포동에 묻어있는 추억의 냄새
이제 와서 기억은 아픔이 되었구나
이별은 순리이고
세상에 남겨진 미련은 기억이 되어 희미해질 것이다
누가 가고 누가 남는 것일까
만나고 헤어짐이 일상인데 무엇이 그리 안타까우랴
슬픔은 남은 자의 몫이고 이별도 결국은 일방적인걸
오십 년 전 너를 만났을 땐 헤어짐을 생각지 않았지만
얼마 지나지 않아 다시 또 너와의 만남을 생각해 본다
다 풀고 가거라
차례와 순서에는 별 의미가 없으니 너무 아쉬워 마라
떠나는 너에게 한 잔 술을 부어
네가 편안해졌으면 좋겠다
너를 보내고 나서 나는 또 너에게로의 여행을 떠난다

* 육십 년을 세상에 서성이다 일 점을 남기고 떠난 친구를 그리며

이 빠진 징검다리

그 옛날
난 동네 아이들과 함께
개천 건너 한양대학교 뒤편 언덕에
아카시아꽃을 따먹으러 다니곤 했다
달콤한 아카시아 향에 취해
아이들은 나와 놀기를 좋아했고
나도 아이들과 노는 게 너무 좋았다
그러나 어른들은 날 그다지 좋아하지 않았다
처음엔 아이들과 노인들을 위해 날 불러와 놓곤
이제는 나와 함께 놀지 말라고 한다
가끔 아이들과 놀다가 몇 번 개울물에 빠뜨리곤 하였더니
날 위험한 아이라 한다
아예 할머니들은
절대 나와 같이 다니지도 못하게 하였고
행여나 내가 할머니들을 다치게 할까 봐
내가 보는 앞에서 할머니를 업고 다니곤 했다
그리고 하는 말이 저놈은 날이 갈수록
뺀질뺀질한 놈이 되어 간다며 눈을 흘긴다

언젠가 몇 날 며칠 커다란 장마가 지나가고 난 뒤
나와 함께 단짝이었던 친구들도 몇몇이 떠나가고

아이들도 더 이상 나를 찾지않게 되었다
그리곤 새로 생긴 무지막지한 콘크리트 다리를 지나가며
아직도 물가에서 혼자 놀고 있는 나를 보고 안타까워했다

그렇게 세월이 흘러 어느새 나도 앞니가 다 빠지고
양쪽 어금니만 몇 개 남아있는 합죽이 노인이 되었다
그래도 가끔 이제는 어른이 된
내 어릴 적 친구였던 아이들이 찾아와
한참을 나를 보고 있다가 가곤 한다
이가 빠진 나의 초라한 모습 속에서
그들의 어린 시절을 그리워하는 것이겠지

얼마 전엔 청계천에서 연락이 왔었다
병원에 가서 새로 틀니도 해 넣고
같이 와서 살자고 했지만
친구를 대신 보냈다
치과에 가기가 무섭기도 하고 가끔씩 추억들이 찾아올 때
그 자리에 내가 없으면 아이들이 섭섭해할까 봐
지금도 난 이 빠진 얼굴로 헤벌쭉
이곳을 지키고 있다

젊음, 그리고 회상

예정된 시간의 굴레 속에서
가늠할 수 없는 혼돈 속으로 나를 보낸다
진실은 모른 척 낮잠을 자고
뻔뻔스러운 절망은 가면 속에서 웃고 있다
시간이 감에 따라 길어지는 그림자를 붙들고
다가올 어둠을 기다린다
횡단보도 건너편 익숙한 도시에 불이 켜지고
흘러가는 사람들의 발걸음은
싸구려 유혹을 피해 돌아갈 길을 찾는다
어둠의 깊이가 깊어질수록 욕망의 끈은 느슨해지고
비겁한 침묵의 변명은 고개를 숙인다
내 젊은 날 한때는 세상이 온통 어둠이었던 적이 있었다
그 어둠에 녹슬어
풍화작용이 벗겨낸 내면을 들여다보곤
웅크린 절망의 실체를 만났다
벗겨진 가면 속 민낯에도 그는 당당했고
저항할 수 없는 초라한 인간의 변명은 구차했다
내 슬픔의 몫은 누구의 것일까

그때 별이 다 쏟아져 내린
뿌연 도시의 밤하늘엔 이젠 아무 것도 없다

서쪽 끄트머리에 걸려있던 손톱달도
어느새 소복으로 갈아입었다

예정된 운명이 은근슬쩍 손을 잡아끌고
우두커니 바라보던 추억은 아무 말도 없이
그저 터벅터벅 길을 따라나선다

바람의 약속

겨울의 굳은살을 찢어내고 피어난
연약한 봄의 미소가
날 선 바람을 버티고 있다
개울가엔 제풀에 깨어난 개구리들이
계절을 짖어대고
강가엔 버들강아지도 덩달아 달려나온다
횡단보도 건너편 길거리에는
목적지도 없는 바람이
신호등을 무시한 채 불량배처럼
남의 집 가게를 함부로 들락거린다
저녁이 되면 돌아갈 아비의 의무가
어깨를 무겁게 하고
삶에 대한 무거운 약속이 빚쟁이처럼
두 눈을 부릅뜨고 고양이 걸음으로 걸어간다

산다는 것은 또 다른 약속의 연속인데
어찌해 바람 탓만 할 수가 있겠는가

4부
추근거리는 새벽

긴급 속보

이것은 시가 아닙니다 속보입니다
결국 세종대왕님의 성씨가 남씨 인것으로 밝혀졌습니다
그래서 그동안 제가 그렇게 어려웠군요
대왕의 피가 흐르고 있었던 것입니다
그래서 항상 왕따였습니다

파리의 형벌

남자가 파리를 노리고 있다
파리인들 좋겠니 혹시 파리의 변명은 들어봤니
아니면 너는 파리의 슬픔을 알고 있니
저렇게 싹싹 빌고 있지 않니
제발 흘리지나 말거라

한가위

외로움이 보일까 봐 촛불을 껐습니다
어둠이 눈물을 닦아주고
부끄러움은 어두움 그 등 뒤에 숨었습니다

하늘엔 팔월이 가득하고
달빛은 시린 나의 창문을 두드립니다
사람들의 바램이 어느새 방안을 채웁니다

세월이 가면
- 남희철 -

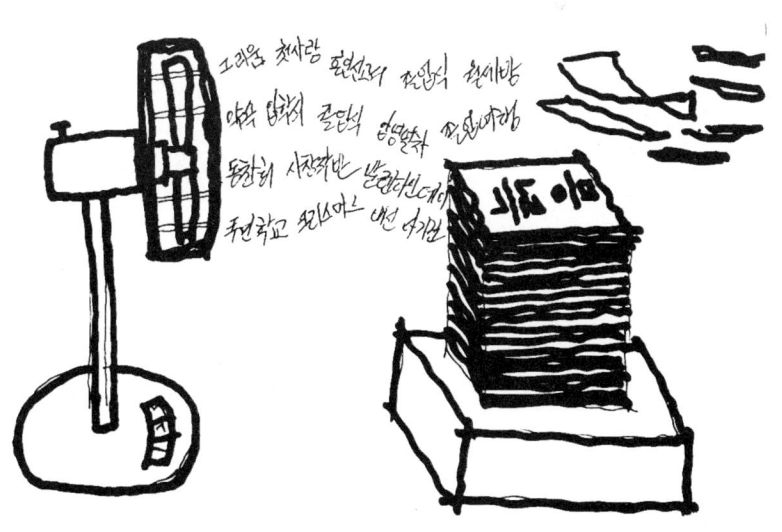

신춘문예 오라더!

-남희철-

詩그림

- 남희철 -

고모님의 이모티콘

팔십도 넘은 고모님한테서 전화가 왔다
아들내미가 스마트폰을 사줬다고 한다

아행행 아행행 아행행 아행행 아행행 아행행
아행행 아행행 아행행 아행행 아행행 아행행
뷁 ㅋㅋ 즐 ㅇㅇ ㅎ ㅠㅠ 뷁 ㅋㅋ 즐 ㅇㅇ ㅎ
즐 즐 즐 즐 즐 즐 즐 즐 즐 즐 즐 즐 즐
뷁 뷁 뷁 뷁 뷁 뷁 뷁 뷁 뷁 뷁 뷁 뷁 뷁 뷁
ㅋㅋ ㅋㅋ ㅋㅋ ㅋㅋ ㅋㅋ ㅋㅋ ㅋㅋ ㅋㅋ ㅋㅋ
ㅇㅇ ㅇㅇ ㅇㅇ ㅇㅇ ㅇㅇ ㅇㅇ ㅇㅇ ㅇㅇ ㅇㅇ
ㅠㅠ ㅠㅠ ㅠㅠ ㅠㅠ ㅠㅠ ㅠㅠ ㅠㅠ ㅠㅠ ㅠㅠ
^ㅣ^ ^ㅣ^ ^ㅣ^ ^ㅣ^ ^ㅣ^ ^ㅣ^ ^ㅣ^ ^ㅣ^ ^ㅣ^ ^ㅣ^ ^ㅣ^
ㅎㅎ ㅎㅎ ㅎㅎ ㅎㅎ ㅎㅎ ㅎㅎ ㅎㅎ ㅎㅎ ㅎㅎ
ㅉㅉ ㅉㅉ ㅉㅉ ㅉㅉ ㅉㅉ ㅉㅉ ㅉㅉ ㅉㅉ ㅉㅉ
♡ ♡ ♡ ♡ ♡ ♡ ♡ ♡ ♡ ♡ ♡ ♡ ♡ ♡

ㅠㅠ
^ㅣ^
ㅎㅎ
^ㅣ^
ㅉㅉ
♡ ♡

〈
고모가 이모한테 가서 문화를 얻어 왔다고 한다
젊음을 얻어 왔다고 한다
소통을 얻어 왔다고 한다
행복한 여생을 얻어 왔다고 한다
이모티콘
 ㅋㅋ

고래의 꿈

- 문제 : 아래 글씨를 넣어 시를 지으시오

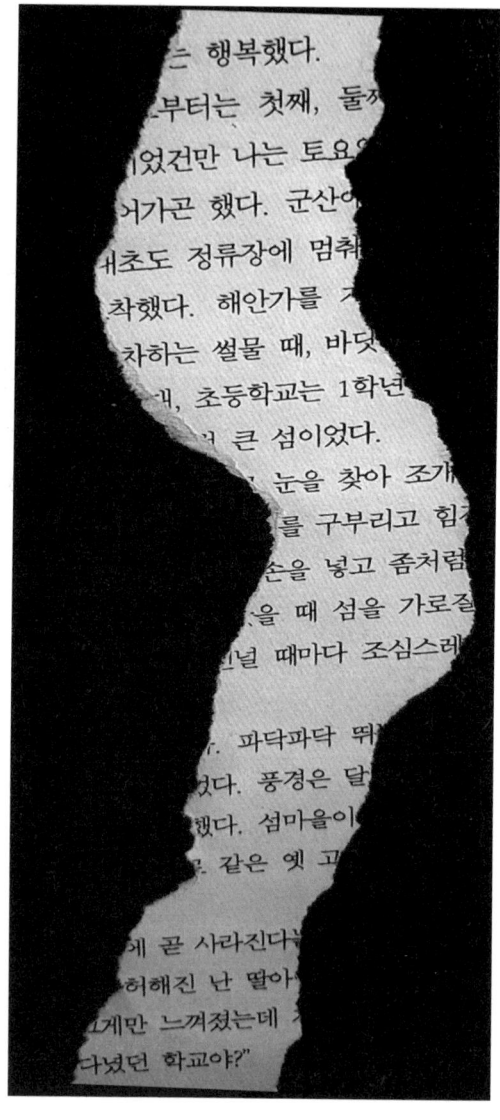

어둠은 가끔씩 **행복했다** 행복은 조금씩 나태해져 간다
셋째**부터는** 첫째 둘째도 그저 지나간 과거일 뿐이다
순서는 규칙이**었건만 나는 토**요일에는 줄을 서지 않기로 했다
진실은 종종 개구멍으로 들**어가곤 했다** 군산은 오늘부터 항구이길 거부한다
비겁한 욕망은 아무렇게나 타협하고
막무가네 왕**초도 정류장에 멈춰**서 버린 바퀴에겐 대책이 없다
언제나 흔들리지 않는 질서가 도**착했다 해안가를** 떠돌던 힘없는 완장은 어느새 서슬이 퍼래져 간다
수없이 교차**하는 썰물 때 바닷**가의 숨겨진 본심이 드러난다
역사는 종말을 고하고 어릴 때 다니던 **초등학교는 1학년**생들이 사라졌다

어쩌면 바다가 오히려 **큰 섬이었다**
욕망의 **눈을 찾아** 조기졸업을 꿈꾸는 허망한 바램은 오늘도 나를 부추긴다
꼿꼿하게 살아온 세월**을 구부리고 힘**들이지 않게 일상과 협상한다
게으른 어부가 바다에 **손을 넣고 좀처럼** 잡히지 않는 고래를 낚으려 한다
거대한 고래를 잡았**을 때 섬을 가로질러** 그의 낙원을 꿈꾼다

어느새 욕심의 바다를 건널 **때마다 조심스레** 고래의 꿈을 엿본다
　욕망의 미끼가 **파닥파닥 뛰**어오르면 미리 짜여진 계획이 같이 널뛴다
　허망한 낚시는 끊어지고 **풍경은 달**관한 듯 외면한다
　해 저문 바다는 고요**했다 섬마을이** 언제나처럼 나의 배를 감싸 안는다
　어머니 뱃속 **같은 옛** 고향의 냄새가 난다

　학생이 없어 **곧 사라진다**는 옛 초등학교를 찾아가 본다
　아이들이 없는 운동장에서 가슴이 **허해진 난 따라**오는 어둠이 그저 원망스러웠다
　그때는 한없이 **크게만 느껴졌는데**
　이 초라한 풍경이 세월에 움츠러든 내가 **다녔던 학교야**

비 오는 날

비가 온다
언제나 비는 온다
비는 오는데 다른 이들은 모두 간다
세월도 가고 계절도 가고
약속도 가고 친구도 가고
인연도 가고 운명도 간다
비는 오는데

비가 오는데 네가 간다
네가 가는데 비가 온다
차라리 비가 오지 않아도
나는 네가 가지 않았으면 좋겠다
비는 오고 너는 가고
그러는 난 이렇게 비 오는 날 널 보내고
내가 너에게 가면
그건 가는 걸까 아니면 오는 걸까
나는 오는 비가 싫다
나는 가는 네가 싫다
난 아직도 여기 홀로 있는데

창밖엔 저렇게 비가 가고 있다

막걸리 죽이기

허름한 주막집 앙상한 개다리소반 앞에서
그놈이 막말을 한다
태생이 그래서 그런지 걸리는 게 없이 아무렇게나 한다
시큼한 냄새까지 풍겨가며
세상사 모두를 욕하고
동네 성질 더러운 주정뱅이나 하던
못된 행사를 한다
뒤끝이 아주 안 좋은 놈이다
예전엔 달빛 아래 시도 쓰고 노래도 하던
제법 풍류를 아는 놈 이었는데

언젠가부터 모두들
그놈을 좀 고쳐보자고 입을 모았다
정신 차리라고 흔들어도 보고
아무 데나 토하지 말고 제발 좀 속 차리라고
배도 꾹꾹 눌러주고
냄새 안 나게 거품 탄산으로 가글도 시키고
툭하면 깨져버리는 성질머리를 고쳐보려
푸른색 비닐 옷으로 갈아입히고
오래오래 살라고 이름표도 달아주었다
코 큰 서양 놈도 소개시켜주고

예쁜 아가씨들도 소개시켜주었다
물론 해외여행도 시켜주었다

예전엔 밀가루나 옥수수를 먹던 놈이
이젠 쌀밥만 먹는다 출세했다
이젠 다들 때깔 나는 그를 보고 말한다
캬, 죽인다
이제까지의 마음의 빗장을 풀고
난 오늘 친구들과 어울려
그놈을 죽이러 간다

시월의 마지막 밤

우연히 그를 처음 만난 건
가을도 한참 깊어가는 어느 날이었다
서울의 어느 변두리 허름한
그래도 꽤 규모가 있는 카페였다
일 퍼센트도 안 되는 지분을 가지고
'계절'의 대표이사 자리를 꿰차고 있는 그는
싸구려 대중가요로 치장하고
마치 가을의 주인공 인양 거들먹거린다
자주는 아니지만 나는 일 년에 한 번 정도
그를 찾아가 밤새워 술을 마시곤 했다

조금 전 저녁 무렵 TV 뉴스로
기어이 그의 부도 소식을 들었다
내일이면 그의 회사건 집이건
모든 소유권이 넘어간다고 한다
서른의 직원을 거느린 그는
일일천하를 누리면서도
하루를 일 년같이 산다
하루살이의 영광이라 비웃지 마라
감정이 좀 헤픈 게 흠이긴 하지만
삶에 지친 중년의 청춘을 미사리로 불러내

술 한 잔 살 줄 알고
헤어질 사람들의 굳어진 가슴을 품어주는 의리가 있다
그에게 공짜 술 외상술 한 잔 얻어먹은 사람도
한둘이 아니다

나는 그에게 내일 아침이 오기 전에
어서 야반도주라도 하라고 했다

한 일 년 정도 숨어지내다 보면
다시 돌아올 수도 있으니

오월의 신부

문득 다가온 일상이 인연이 되었네요
아무렇지도 않게 살아온 하루가
어느새 의미를 요구합니다
불현듯 느낌은 행복한 구속이 되고
목표는 당신을 겨냥합니다, 사랑합니다

운명은 이제사 고백하고
설레임은 은근슬쩍 남인 척하네요
난 당신을 다시 바라봅니다, 사랑이네요

몇 겹을 지나 기억이 희미해지더라도
놓치지 마세요
떠나가는 건 세월이 아니랍니다
당신은 이미 알고 있었네요, 운명이란 걸

오늘 나는 당신에게로 나아 갑니다
삶에 지치고 힘들 때
서운함이 우릴 시험하더라도 두렵지 않습니다
당신은 내 사람이니까요

사랑에 인색하지 않겠습니다
나는 당신의 오월의 신부랍니다

숙제는 자유시

자유라는 이름으로 나를 설레이게 하고
숙제라는 이름으로 나를 구속하려 한다

자유를 위해 싸워야 하는지 구속을 피해 도망쳐야 하는지
굳이 싸워야 하는지 비겁하게라도 살아남아야 하는지
숙제는 구속이고 자유는 석방인데
자유라는 명분으로 숙제를 이야기한다
머릿속에선 시인의 판정이 복잡하다

이순신 장군의 숙제는 무엇이고
유관순 누나의 자유는 무엇일까
푸틴의 숙제는 무엇이고 우크라이나의 자유는 무엇일까
BTS의 자유는 무엇이고 입영열차의 숙제는 또 무엇일까

삶은 숙제이고 죽음은 자유인가
등단은 숙제이고 시집 출판은 자유인가
숙제는 숙명이 되고 자유는 목표가 되었구나

어쩌면 윤동주의 자유시는 숙제가 아니었을까
한 잔 술에 올려다본 하늘엔 시인의 별이 흐르고
안암동 길거리에서 마주친 가을은 그저 자유로운데

일회용 비닐장갑의 희생

그녀는 스킨십을 좋아한다
특히 내가 만지길 꺼리는 것들을
더욱 잘 만진다 거리낌 없이

그리고 하필이면
그녀는 내 손을 잡는 것을
무엇보다 좋아한다
무슨 일을 할라치면
꼭 내 손을 잡고 같이 하자고 한다
하지만 난 손에 와 닿는 그녀의 감촉을
그닥 좋아하진 않는다

이것저것 온갖 허드렛일을
마다하지 않지만
그녀는 특히 뭔가 음식을 만들 때면
더욱더 신이 난다
이것저것 주물럭대다간
한입 맛보라며 불쑥 나에게 내밀기도 한다
누구에게든 붙임성 하나는 그만이다
그런 그녀가 얼핏 듣기론
얼마 오래 살진 못한다고 한다

〈
하지만 난 한 번도 그녀를 우리 식구라고
생각하지를 않았다
그저 집안의 가사도우미마냥 당연시했다
하지만 한편 곰곰 생각해 보면
결국 그녀는 내가 하기 싫은 것, 못하는걸
전부 해내는 진정한 해결사이다

나는 언제 한번 남을 위해
그들이 싫어하고 못하는 걸
대신해준 적이 있는가?
새삼스레 시한부 인생을 사는 그녀에게
경의를 표한다

담을 허물다

살다 보면 사람들은 여기저기 담을 쌓고 살고 있다
세상 어디에나 담은 있다
토담 돌담 시멘트담 미담 악담 속담 웅담
백록담 정글로드반담 암스테르담 노틀담
맨 - 담이다

만리장성도 담이고
보이고 싶지 않은 내 마음도 결국은 담이다
심지어는 내 어깨에도 허리에도 담이 들어있다
생각해 보면 담이 없어도 사는데 지장은 없을 것 같지만
사람들은 굳이 담을 쌓고 살고 있다

세상과 담을 쌓고 사는 사람들
부모자식 간에도 담을 쌓고
형제 친구 심지어 부부 사이에도
보이지 않는 담은 존재한다 그리곤 서운해한다
담은 결국 다름이고 경계선이고 장벽이고
가르침이고 풍경이고 어깨결림이다

다름을 인정하는 것도 좋지만
이제는 담을 허물어야 한다

학교의 담도 허물고 입시의 담도 취직의 담도
베를린 장벽도 허물었듯이
남북의 담도 무조건 허물어야 한다

오랫동안 돌을 쌓아 담을 만들던
내 친구도 며칠을 고민하다
오늘 큰맘 먹고 속에 있는 돌담을 허물었다고 한다
앞으로는 담 없는 세상에서 자유롭게 소통하며 살 거란다

나는 작게 혼자 중얼거린다

쓸개 빠진 놈

추근거리는 새벽

욕망은 어둠의 씨앗을 잉태하고
어둠은 모든 음모를 포용한다
고통의 탯줄을 자르고 나면
찬란한 고고성을 울리며 태어나리
선동의 달인인 너는 또다시 나를 깨우고 부추긴다

수없는 토론과 논쟁을 토해내고
얼마나 많은 절망과 부딪쳤던가
결론 나지 않는 이슈를 붙들고
너는 오늘도 나의 목을 조르는구나
목구멍까지 치밀어 오르는
이 대책 없는 아우성을 어찌하리
원천적 불임은 아닐까 인공수정이 답일까
즐거움 보다는 고통스러운 너와의 관계
너의 끝없는 요구는 처절한 욕망의 끄트머리에서
매일밤 나의 뼈를 깎고 살을 찢는다
속절없이 끌려가는 메마른 고통의 속울음을 너는 알까
뛰어넘을 수 없는 한계의 민낯을 들여다본다
새벽닭 울음소리에 소스라친다
비겁한 내 절망의 끝은 어디일까
나는 오늘도 상상임신을 꿈꾼다

〈
내가 암탉도 아닐진대
어찌해 너는 매일매일 출산을 요구하는가
너의 달콤한 유혹에 내 절망의 마지막 밑천을 베팅한다
수많은 고통의 날들을 보내고 적으로 살지 않을 바에야
이젠 너와 한편이 되기로 타협한다

나는 지금 끝없는 고해의 바다에서 태어난
가난한 시인의 심장을 건져 올려
콧대 세고 도도한 신춘문예에게 시집을 보낸다

달력에 그려진 동그라미 이력서

아직 채 봄이 오기도 전에
열 달을 품어 세상을 선물해준 사랑하는 님과 헤어지던 날
음력 정월 스무아흐레
결국은 내가 다시 태어난 날이 되어버렸구나

가슴에 든 멍울이 흐려질 때면 나는 너에게 연락한다
그리움은 기억을 원망하고 나는 또 너를 만나러간다
거치른 세상에 던져놓은 나의 죄를
너는 선물이라 하는구나
낳아놓은 죄의 벌은 얼마일까
인연은 우연이 아니었나 보다
믿음은 희망이었지만
때로는 어려움이 먼저 문을 두드리기도 했다
진눈깨비 처벅처벅 나리던 어느 겨울날
세상이 온통 우릴 외면할 때도 나는 네 손을 놓지 않았다
운명이 떠밀고 내쳐도 함께라서 기꺼이 지나왔구나
이제 그만 슬퍼하거라
그리움이 너에겐 지워지지 않는 흉터가 되었지만
헤어짐이란 결국
그다음의 다시 만날 약속이 아니겠느냐
살다 보면 그리움에도 굳은살이 박이는 거란다

〈
두텁게 가라앉은 어둠을 밀어내고
미처 아쉬운 새벽이 다가오면
이제 마지막 남은 잔을 비우고 나를 위한 촛불이 꺼진다
너의 슬픔의 낙인을 부적처럼 태우고
나는 또다시 이별을 고하는구나
그저 잘 살아다오
사랑한다 아들아

하늘로 간 다방구

어제 아침 녘에 친구가 갔다
자기 이름으로 자기 부고가 왔다
친구 딸내미가 지아비 sns로 보냈다
어느새 세월은 술래가 되어
하나둘씩 친구들을 데려간다

오십여 년 전 동네 골목길에서
구슬치기 딱지치기 다방구를 하며 놀던 어린 시절이
우리를 기다리고 있다
태삼이 종호 희열이 범선이
다방구는 우리들의 해방구였다
동네 앞 전봇대에 술래에게 잡혀있던 아이들이
줄을 지어 매달려 있다
아직 잡히지 않은 아이가
술래를 피해 줄을 끊으며 다방구를 외치면
잡혀있던 아이들은 줄에서 해방이 되어
다시 살아나는 것이다

세월은 어느새 젊음을 집어삼키고
이념도 우정도 그 앞에선 그저 가소로운 반항일 뿐이다
영원할 것 같던 사랑은 점점 껍데기가 굳어져

화석이 되어갔고
그 많았던 약속도 의리도 그저 희미한 추억이 되었다
세월 앞에 장사 없다더니
누가 과연 그 앞에서 힘을 쓸 수 있을 것인가
우크라이나도 러시아도 결국은
세월의 포탄에 점령될 것이다

오늘은 친구들이 떠나간 옛날 동네에 가서
하늘에 대고 술래 몰래 가만히 읊조려 본다
다방~구

주름진 눈가에 세월이 눈물로 흐른다

〈시조〉
윤회

청량리 역전에서 육 번 버스를 기다린다
시간이 지나간들 오지 않는 기다림에
덧없는 미련인가 부질없는 꿈인 것을

그 무슨 법칙인가 뉘라서 알랴마는
서럽던 지난 세월 후회도 막급인데
내 아직 가야기에 만남도 끝이란다

천 년 전 나의 길엔 아쉬움도 호사련만
돌이켜 바라보면 세월마저 낙인인 걸
참았던 가슴속으론 그리움만 목이 멘다

〈시조〉
인연

스치듯 지나치는 기억의 끝자락에
소매 끝 부여잡고 따라나선 세월이여
덧없다 뒤돌아본들 그것 또한 만남이라

어찌타 운명이란 가는 길을 막아서고
임 향한 그리움에 가을밤도 깊었건만
이별은 대문 밖이고 약속일랑 간데없네

우리 님 얼싸안고 몇 겁인들 찰라인데
아뿔싸 깨어보니 황천길이 눈앞이라
서러운 우리네 님은 흰 터럭만 야속타네

〈시조〉
술래잡기

행여나 보일세라 머리카락 감추오고
숨긴 듯 부족함에 그것 또한 내 맘인 걸
가엾은 우리네 님은 돌아올 줄 모르노라

저만큼 앞서가니 따라갈 듯 멈추오고
멈춰서서 찾아보니 부질없는 세월인가
꿈엔들 뒤돌아가서 내 님인가 그려본다

서산에 걸린 노을 나그네를 재촉하고
해 저문 강변에는 사공 잃은 빈 나룻배
길잃은 지친 이내 몸 쉬어가라 잡는구나

작품해설
이슈 없는 세상을 꿈꾸는 성찰의 시학

- 김순진
(문학평론가 · 고려대 평생교육원 강사)

작품해설

이슈 없는 세상을 꿈꾸는 성찰의 시학

김 순 진 (문학평론가 · 고려대 평생교육원 강사)

그동안 나는 남희철 시인과 오랜 만남을 유지하며 가까운 사이로 살아왔다. 내가 한국방송대학교 국어국문학과에서 시창작강좌를 개설해 시를 강의했을 때 그는 내 수업에서 최고의 수강생이었다. 그는 하루도 빠지지 않고 수업에 찾아왔고, 한 번도 빠지지 않고 과제시를 제출했다. 내가 참여하는 여행프로그램에 함께 참여해서 시인에 대한 동경과 좋은 시에 대한 욕구를 채워갔다. 그러다 내가 방송대의 강의를 그만두었을 때, 그는 막연했다. 홀로 몇 년의 세월을 보내며 그의 시는 폐업 위기에 몰렸고 그는 침체했다. 나는 그런 몇 년 동안의 공백의 기간을 통해 그가 시에 대한 동경이 더욱 단단해지길 바랐다. 그런 공백의 기간은 그의 시에 대한 동경을 굴뚝 연기처럼 솟아오르게 했다. 나는 시에 대한 누구보다도 의욕 높은 남희철 시인이 좋았고, 그를 큰 재목으로

여겼다.

  그래서 나는 또다시 그가 고려대 평생교육원에서 다시 시를 만날 수 있도록 주선했다. 고려대 평생교육원 시창작과정은 그의 시에 날개를 달아 주었다. 그의 시는 어둠과 환희, 사물과 관념 사이를 마음대로 날아다녔다. 그가 바라보는 철조망과 사금파리처럼 날카로운 관념들은 스펀지처럼 말랑해졌고, 오히려 꽃과 향기 같은 위장된 언어가 시의 숨통을 조이는 악임을 깨달았다. 그는 '인간의 모든 행동은 즐거움을 목적으로 한다.'는 인생관을 깨달았고 막연했던 시의 개념은 '놀이'로서의 시로 안정되어갔다.

  사람은 즐거운 일을 하면서 살아가야 한다. 그 어떤 작업도 억압이나 강요로 지속될 수 없으며, 내가 하기 싫으면 아무리 금을 캐는 일이라도 지속할 수 없다. 좋은 일만 하기도 바쁜 인생이다. 백 가지 천 가지 해 봐야 한 가지를 즐기는 것만 못하다. 시는 예술의 한 장르에 불과하지만, 시는 모든 예술의 방법을 내포한다. 이제 그는 인생 최고의 골프채 세트인 시를 장만했다. 그러나 아무리 클럽이 좋아도 필드에 나가지 않으면 무용지물이다. 시는 나를 위안하고 나를 통제하며 나를 성장시키는 방법이지, 어디 가서 상을 타고 누구에게 칭찬받기 위함을 안다. 사람들은 명성을 꿈꾸지만, 명성은 남으로부터 비롯되는 것이 아니라 마이웨이를 이룬 사람에게 따라붙는 것이다. 시를 통한 마이웨이를 꿈꾸는 남희철 시인은 마침내 2022년 ≪스토리문학≫ 하반기호를 통해 시인으로 등단했고 지하철 스크린도어 시와 동대문문화원 백일장 장원 같은 효과로 나타났다. 그리고 오늘 이같이 완성도 높은 시집 『상대성이론의 빈틈』을 펴내기에 이르렀다. 이 세상에 존재하는 모든 이론은 뒷북치기다. 현상을 설명하기 위함이지, 무슨 일이 일어날 것을 먼저 알아차린 기상천외한 이론은 없다. 따라서 빈틈이라는 것은 바위보다 요긴하다. 성공과 실패 사이, 사랑과 이별 사이, 인간과 사물 사이의 빈틈이 우리를 안아주며 성장시킨다. 그럼 이쯤에서 남희철 시인이 어떤 마이웨이를 펼치고 있는지, 그의 시 몇 수를 읽어보면서 그의 마음의 빈틈을 들여다보자.

> 어둠은 햇볕 속에서 그림자를 그리고
> 밝음은 어둠 속에서 점을 찍는다
>
> 밥맛도 모르는 숟가락으로 간을 보고
> 기억니은도 모르는 안경을 끼고 신문을 본다
> 레일 위에 갇혀있는 기차를 타고 세상 어디든 간다 하고
> 홀로 서지도 못하는 지팡이에 기대어 인생을 산다
> 이 세상 어느 곳도 가보지 못한 이정표에게 길을 묻고
> 걷지도 못하는 신발을 신고 뛰고 있다
>
> 기다릴 줄 모르는 시계에게 약속을 배우고
> 삽질 한번 안 해본 달력에게
> 계절을 배우고 농사를 배운다

한 번쯤은 천정이 되고픈 마룻바닥을 위해
물구나무를 서고
오늘은 피곤에 지친 지구를 힘껏 들어 올려준다

바퀴도 없고 말도 없는 포장마차를 타고
밤새 달려 철학 강의를 하러 간다
강의료는 개똥이다

나는 지금 할멈에겐 허락도 안 받고
영감을 얻어 시를 쓰고 있다

과학자나 수학자는 출입금지다

- 「상대성이론의 빈틈」 전문

  남희철 시인이 말하는 「상대성이론의 빈틈」이란 '상대성이론'을 설명하고자 하는 말이 아니다. 세상 모든 것이 꼭 상대적이지만은 않다는 것을 시적으로 풀어내고 있을 뿐이다. 그러면 여기서 상대성이론에 대해 잠시 알아보자. 상대성이론이란 아인슈타인에 의하여 확립된 물리학 이론이다. 근본적인 특징은 시간과 공간이 절대성을 가진다는 기존의 개념을 부정하고 시간과 공간이 관측자에 대하여 상대적으로만 의미를 가진다는 점이다. 이는 시간과 공간의 절대성을 무너뜨린 이론이다. 물체는 힘을 가하면 움직이게 되어 있다. 그러나 얼마만큼의 힘을 가하느냐, 또 얼마만큼의 시간으로 힘을 가하느냐에 따라서 물체의 움직임은 다르게 반응할 수 있다. 아인슈타인이 이를 발견하고 체계화 한 것이 상대성이론이다. 영화 〈총알 탄 사나이〉에서 주인공은 비행기를 타고 날아가는 총알을 손으로 잡는다. 과연 그것이 가능할까? 총알과 같은 속도로 날아가면서 총알을 손으로 잡으면 총알은 똑같은 속도라서 잡을 수 있다는 것이 상대성이론의 가설이다. 투수가 타자를 향해 150km의 속구를 던졌을 때, 이는 서 있는 타자의 눈에는 매우 빠른 것이다. 그러나 시속 150미터의 속도를 내는 오토바이를 타고 같은 방향으로 달렸을 때 야구공은 공중에 정지되어 있는 것처럼 보이고, 투수의 투구 힘이 약화돼 공이 떨어지지 않는 한 오토바이를 탄 사람은 정지된 것처럼 날아가고 있는 공을 언제든 잡을 수 있는 것이다. 그러나 영화에서는 〈총알 탄 사나이〉가 총알처럼 날아가는 비행기에서 총알을 잡지만, 실제로 그런 일은 발생하지 않는다. 또한 투수의 투구를 오토바이를 타고 따라가며 잡는 실험을 한 사람도 없다. 영화적 상상력일 뿐이다. 아인슈타인이 상대성이론을 발견하고 강의가 쇄도하여 너무 피곤할 때, 상대성이론의 강의를 너무 많이 들은 그의 운전기사가 아인슈타인을 대신해서 강단에 섰다는 것은 너무나 유명한 에피소드다. 그 자체도 상대성이론의 빈틈이라 할 수 있을 것이다. 이 세상의 모든 것은 상대가 있는 것처럼 보이지만 상대가 없는 사람도 있다. 술 마시고 싶은 상대를 찾아보지만, 우리는 아무도 대작할 상대를 구할 수 없어서 혼술을 마시기도 한다. 세상의 반이 여자라지만 홀로 사는 남자는 여전히 많다. 따라서 남희철 시인은 상대가 없는 작용도 있으며, 상대가 없는 반작용도 있음을 이 시에서 주지하고 있다. 남희철 시인의 말을 빌리자면 "레일 위에 갇혀있는 기차를 타고 세상 어디든 간다"는 것 자체가 모순이라 보고 있는 것이다. 남 시인의 말처럼 기차는 레일 안에 갇혀 있어서 레일 밖으로 달릴 수는 없다. 그런데 기차는 세상 어디든 간다고 말한다. 세상은 레일이 들어가지 못한 땅이 더 많다. 정글과 습지와 섬과 북한은 우리의 기차가 들어가지 못함에도 어디든 갈 수 있다고 말하는데 상대성이론의 빈틈을 보인다고 한다는 게 그의 주장이다. "홀로 서지도 못하는 지팡이에 기대어 인생을 산다"는 아이러니도 "이 세상 어느 곳도 가보지 못한 이정표에게 길을 묻고 / 걷지도 못하는 신발을 신고 뛰고 있"는 것을 발견한 것도 모두 '상대성이론'을 무너뜨리는 남희철 시인의 발상이다.

넷플릭스가 수리남에서
노다지를 캤다고 한다

이정재는 오징어로 노름판에서
벌써 한몫을 챙겼다고 한다

윤여정은 미나리를 팔아 미국엘 갔고

손흥민이는 맨날 사진을 찍고 다닌다

송해는 막차를 타고 떠났고
김신영은 자랑질하러 전국을 돌아다니고 있다

푸틴이 분탕질을 치고 은근히 거드는 왕서방에게
테스형이 한마디 한다 나나 잘해

여왕은 뒤늦게 며느리를 만나러 갔고
아베는 그냥 떠밀려 갔다 아베는 마리아를 만났을까

운명을 흉내 낼 순 없지만 혹시나 하는 마음에
로터리 복권방에서 부적 같은 로또를 열 장 샀다

- 「토정비결 매출 현황」 전문

 이 시는 아니꼬운 세상에 대한 풍자시다. 시인에게는 고발과 풍자의 정신이 있어야 한다. 160년 전에 죽은 김삿갓이 오늘날 더욱더 인기가 있는 것은 그의 시 속에 들어있는 풍자 덕분이다. 또한 조선시대에 시조(時調)가 서민으로부터 외면받은 이유는 그 주제가 선군(先君), 충성(忠誠), 남녀유별(男女有別), 효도(孝道)와 같은 고리타분한 교육을 등에 업고 있었기 때문이다. 그런 문학제도 속에서 김삿갓 같은 사람은 서민들 편에 서서 정권과 양반에 맞서는 시를 지었다고 하니 과히 갓을 쓰고 숨어다

닐 수밖에 없는 상황이었을 것 같다. 김삿갓은 가는 곳마다 거의 아이돌 수준의 인기를 누렸다고 한다. 『토정비결』은 포천현감을 지낸 바 있는 토정 이지함 선생이 지은 1년의 운세를 점치는 신수풀이 책으로 지금까지 매년 정초가 되면 그 인기는 떨어지지 않는다. 중종 대 조광조로부터 비롯된 사림의 정계 진출이 기묘사화를 거쳐 명종 때 을사사화로 이어지면서 급격히 정체되자 많은 선비들이 은거하면서 자신의 학문적인 이상을 실천하고 제자들을 양성했다. 화담학파의 적자였던 이지함 역시 부패한 정계에 환멸을 느끼고 출사를 포기했지만, 나름대로 피폐한 민생을 일으킬 해법 찾기에 골몰했는데, 그 방법의 결실이 『토정비결』의 간행이었다. 아버지가 돌아가시기 전인 몇 해 전까지만 해도 우리는 해마다 설날이 지나면 아버지께 토정비결을 보았던 기억이 있다. 남희철 시인은 그런 정초에 본 운세에 의해 여러 사람들이 대박이 났다고 가정하며 이 시를 써 내려간다. 수리남이란 영화로 노다지를 캔 넷플리스, 오징어게임으로 일약 스타덤에 오른 이정재, 미나리 영화로 대박난 윤여정, 찰칵하며 골세레모니를 하는 손흥민, 전국노래자랑의 MC 자리를 꿰찬 김신영 등은 올해 초 토정비결에서 길운이었고, 우크라이나 전쟁을 일으킨 푸틴, 그 분탕질을 치고 은근히 거드는 왕서방 중국, 일찍 죽은 다이에나 왕세자비를 만나러 간 엘리자베스 여왕, 우리나라에 그렇게 많은 상처를 주던 일본 수상 아베는 횡액수였을 것이라는 게 남희철 시인의 판단이다. 그걸 바라보며 소크라테스를 테스형이라 부르는 나훈아는 아마도 이 시를 써 내려가는 남희철 시인 자신의 설정이며, 시 속의 중재자가 아닐까 하는 생각이 든다.

도도한 세상의 빗장을 풀고 영원한 탈출을 꿈꾸던 너는 눈감은 진실의 호주머니를 뒤져 네 삶의 모퉁이에 남겨진 마지막 사자 밥을 먹고 그 먼 하늘을 날아가는구나 나는 내 아버지의 장례식 날에도 너의 울음소리를 보았다 만장을 앞세워 길을 떠나는 발걸음이 아쉬워 쳐다본 하늘에 긴 꼬리를 흔들고 우레 소리로 날아가는 너의 흔적이 있었다

가슴속 작은 불씨 하나가 살아나 불덩어리로 커져 제 한 몸조차 태워버려 마지막 남은 깃털로라도 가고자 하는 욕망이 있구나 날아간다는 것은 살아 있다는 것 알 수 없는 울음소리로 길을 잡아 윤회의 강을 건너면 백번을 다시 태어나도 지금은 어제인 걸 너의 부리로 너의 깃털을 뜯어 황금빛 수의를 지어 입었구나 해질녘 서둘러 둥지를 찾는 너는 너의 그 단단한 부리로 세상을 붙들고 안전한 착륙을 꿈꾸는가

흐느적거리는 날개를 접고 비겁한 대지에 발을 내디딘 너는 세상과 가위바위보를 하는 야바위꾼 모양 신림동 고시촌 한 귀퉁이에서 비상을 꿈꾸는 청춘들을 끌어 모으려 하는구나 칠흑 같은 어둠을 날고 있는 너는 시퍼렇게 날이 선 새벽이 올 때까지 너의 날개를 쉬지 마라 날카로운 기류에

퇴화된 시력으로 세상을 보려 하지 마라 본능적으로 착륙점을 찾고 있는 너의 노련하고 억센 발톱의 감각을 믿어라

그러면 끝없는 비행의 종착점에 산산이 부서져 세상에 흩뿌려질 너의 잔해 속에서 폐허가 된 시인의 심장을 건져 올리리라 아이가 세상을 잉태하고 이제 막 태어난 가지에 첫 번째 열매가 열리면 축제의 너른 마당에 커다란 가마솥을 내다 걸고 사방에 뿌려진 너의 깃털을 모아 꺼지지 않는 불꽃을 지피리라

몇 겁의 세월이 흘러 너의 겨드랑이에 새로운 생명이 돋아난다 하더라도 다시는 추락을 꿈꾸지 마라

- 「추락하는 날개」 전문

우리가 도(道)라고 생각하는 것은 도(道)가 아니라고 했다. 부자가 되는 것, 인기를 얻는 것, 명예를 얻는 것은 남에게는 근사하게 보일는지 모르지만, 그 자신에게는 늘 부를 지켜야 하고 인기를 유지해야 하며 명예를 지키기 위해 불편한 행동이 뒤따른다는 것을 꼬집는 말이다. 가진 것이 없을 때 잃을 것도 없고, 도둑맞을 것도 없다. 어차피 빈손으로 온 것이니 빈손으로 가는 것이 맞다. 이 세상의 모든 것들은 모두 추락하는 날개를 가진다. 꽃도 정점을 기해 추해지고, 인기도 명예도 생명도 종국엔 모두 추락하는 것이다. 그런 점에 착안해서

남희철 시인은 '비상하는 날개'보다 '추락하는 날개'에게 더 큰 의미를 부여한다. 비상하는 날개든 추락하는 날개든 모두 같은 날개이다. 한창 잘나간다고 해서 그렇게 뻐길 것이 하나도 없다는 말로 풀이할 수 있다. 결국 이 세상 모든 것들은 추락하게 마련이다. 비상하는 날개에 대한 시도 근사할 것 같이 보이지만, 나는 추락하는 날개에 대한 그윽한 시선에 후한 평가를 내린다. 왜소한 것, 후미진 곳, 즉 나약한 대상이 우리의 시제이지 나이아가라폭포나 그랜드캐니언에서 볼 수 있는 것은 우리가 나약하다는 확인뿐 더 이상의 감동을 찾아내기 힘들다. 꽃이 피거나 열매가 맺는 것만이 능사가 아니라, 소기의 목적을 달성한 추락은 오히려 최고의 아름다움이 될 수 있다. 평범한 사람들에게 미(美)의 의미는 우아미, 고상미, 정제미 등으로 외적으로 아름다운 것만이 미의 기준이 성립될 수 있겠으나, 예술인들에게는 해학미, 골계미를 비롯하여 처절미 등 자신의 본분을 다하고 슬어지는 것들은 보상 차원의 미적 방식으로 접근하고 있는 바, 남희철 작가가 추구하는 추락하는 날개가 이러한 비장미에 가깝다고 할 수 있다. 그는 상식적인 도(道)보다 비상식적인 도(道)를 추구한다. 즉 작은 것, 보이지 않는 것, 구석에 있는 것, 망가진 것, 헤진 것, 짝을 잃은 것, 소외된 것 등이 남희철 작가가 말을 걸어주고 보상하고 싶은 존재들이다. 이를테면 늙어가는 부모님이나 버려진 아이스크림 껍질 같은 것들이 그것인데, 그러한 시적 시야는 시인에게 있어 오랜 훈련 끝에 터득되고 장착되는 고성능 망원경 같은 것인데, 이러한 도구를 장착한 시인은 시단에서 두각을 나타낼 가능성이 높다.

> 봄비가 내리면 사월이 가고 청량리 로터리엔 꽃이 진다
> 꽃잎이 떨어진 가지엔 빗물이 눈물방울처럼 매달려있다
>
> 청량리역에서 정동진 가는 기차표를 산다
> 남은 시간을 기다려 백화점 건너편
> 옛길을 기웃거려 본다
> 내 어릴 적 그토록 화려했던 588의 꽃들이
> 내리는 봄비에 소리 없이 지고 있다
>
> 컴컴한 굴다리를 지나 지름길인 꽃길을 따라
> 대왕코너 앞에서 학교 가는 버스를 타곤 했다
> 거기엔 생활고에 떠밀려온 어린 꽃들이
> 짙은 화장으로 얼굴을 가린 채 도발적으로 피어 있었다
> 다닥다닥 붙어있는 벌집 같은 하꼬방 유리벽 속에
> 가냘픈 꽃잎들이 경쟁하듯 악다구니를 쓰며 붙어있었다
>
> (중략)
>
> 도심재개발로 이젠 꽃길을 철거하고
> 초고층 주상복합건물이 들어선단다
> 허망한 존재의 당위성을 부수고
> 새로운 섬이 들어서는 것이다
>
> 청량리에 꽃이 진다

봄이 가고
내 사월이 간다

- 「수용소 군도를 지나며」 전문

『수용소 군도』란 노벨문학상을 수상한 러시아의 반체제작가 솔제니친의 장편소설이다. 솔제니친은 『이반 데니소비치의 하루』라는 작품을 써서 노벨문학상을 받았는데, 이는 스탈린 시대에 강제노동수용소에서 벌어진 하루 동안의 생활을 그린 작품이다. 작가는 이 작품에서 직접체험을 바탕으로 자유와 권리를 억압당하는 공산주의 사회를 고발하고 있다. 훗날 이 작품은 『수용소 군도』라는 3권의 장편소설로 개작된다. 이 시는 솔제니친의 『수용소 군도』에서 제목을 차용한 시로, 청량리동 588번지에 존재하던 일명 집장촌에 대한 시다. 나는 이 시를 해설로 쓸 것인가에 대하여 많은 고민을 했다. 차칫 건드리면 안 쓰느니만 못하기 때문이다. 그러나 이왕에 남희철 시인이 그러함을 무릅쓰고 시인으로 고발정신을 발휘하여 창작했다면, 문학평론가인 나도 피해갈 것이 능사가 아니라, 이를 짚고 넘어가야 한다는 필연성을 느낀다. 엊그제 파주시 용미리에 위치한 집장촌 일명 용주골의 철거가 있었다. 업주들의 완강한 저항이 있었지만, 집장촌은 파주시의 방침에 따라 철거되었다. 아마도 이 시대의 마지막 남은 집장촌의 철거였던 것 같다. 우리나라는 산업화와 함께 성매매산업이 발달했다. 전쟁 후 지독한 가난을 피해 도시로 밀려든 서민들은 지게꾼, 인력거 등을 전전하다 차츰 버스 기사, 공장 직원 등으로 일의 수준이 업그레이드되어 갔다. 그에 따라 월급을 받은 직장인들은 씀씀이가 차츰 좋아지고, 퇴근 후 한 잔은 유흥업소로 이어지고, 이내 환락으로 변해갔다. 주로 젊은 남자들, 즉 군인들이 오가는 곳, 터미널, 역전 등에 악의 씨앗이 뿌리를 내렸다. 유리창을 사이에 두고 짧은 옷을 입고 앉아있거나 지나는 이들을 호객하는 그들이 수용되어 있는 모습이 남희철 시인에게는 마치 수용소 군도처럼 보였다. 당시의 정부는 성매매를 산업의 한 형태로 보았고, 묵인했다. 그곳이 미아리 텍사스고, 청량리 오팔팔이며 서울역 양동이고 천호동 텍사스고 용주골이었다. 그곳에서 일하게 된 여성들은 대부분 납치에 의해 잡혀서 인신매매된 여성들이었다. 그들에게는 엄청난 몸값이라는 것이 매겨져 있었고 그 몸값을 지불하기 전에는 그곳에서 탈출할 수 없었다. 그녀들은 소위 기둥서방이나 문지기 같은 폭력에 의해 늘 감시당해야만 했다. 지금에 와서 되돌아보면 성매매에 동원된 여성들뿐만 아니라, 포주라 일컫는 성매매 환경의 제공자와 인신매매자, 기둥서방까지도 모두 피해자였다. 세상에 어떤 사람이 그런 일로 인생 살기를 바라겠는가? 어떠한 경우라도 성을 돈으로 사서는 안 되며, 건물과 성매매장소를 제공해준다고 해서 그 돈을 착취해서도 안 된다.

그러나 지금도 세계 곳곳엔 환락사업이 성행하고, 이를 합법화한 나라도 있다. 21세기에 성매매라니, 이해하기 힘들다. 일부 사람들은 성매매가 없어서 일반여성들이 성폭력에 노출되기 쉽다고 말하지만, 그것은 말하기 좋은 사람들의 말이고, 세상 모든 어린이가 보호받아야 하듯, 세상 모든 여성들도 착취되는 성(性)으로부터 보호받아야 한다. 성은 오직 사랑으로만 얻을 수 있음을 민주주의라면 헌법에 넣어야 한다는 것이 내 생각이다. 전국의 역전 뒷골목에 성행했던 그 많은 집장촌에서 죽음보다 싫은 삶을 살아야 했던 그녀들은 우리들의 누이였고, 가족이었다는 점에서 나라의 부도덕성에 희생된 그들이 겪은 고통에 가슴이 저민다.

> 바다 건너 먼 이곳은 남의 나라
> 카모가와(鴨川) 강변을 따라 내려와 다리를 건너면,
> 그가 다니던 대학교정
> 육 첩 방보다도 작은 그의 시비(詩碑) 앞에서
> 시인을 만난다
>
> 이제사 찾아온 미안한 부끄러움에
> 눈을 감고 가만히 기다린다
> 나는 무엇을 찾아 외국엘 왔는가
> 세월이 흘러 그가 거닐던 이 교정엔
> 이젠 강의를 들으러 갈 늙은 교수도
> 시인도 없구나

그저 스쳐 가는 바람결에 안타까운 마음을 모아
꽃이 되고, 펜이 되고, 소주가 되어
시인의 영혼을 불러본다

(중략)

터벅터벅 돌아서 오는 길에
시인의 하숙집을 지나 내려오면
시모가모 경찰서
그가 체포되었던 이곳마저도
이젠 안타까운 그리움의 대상이 되었구나

계절이 지나가는 길목에서
시인의 하늘을 바람을 별을
그리고 시를 만나고 싶다

- 「동주유감(東柱有感)」 부분

  윤동주는 우리 시대의 마지막 친구다. 시깨나 읽은 사람이라면, 편지깨나 써본 사람이라면 "죽는 날까지 하늘을 우러러 / 한 점 부끄럼 없기를 / 잎새 이는 바람에도 / 나는 괴로워했다"로 시작되는 윤동주의 「서시」나 "별 하나에 추억과 / 별 하나에 사랑과 / 별 하나에 쓸쓸함과 / 별 하나에 동경과 / 별 하나에 시와 / 별 하나에 어머니, 어머니"라는 「별 헤는 밤」을 모르는 사람은 없을 것 같다. 윤동주는 나라 잃은 설움 때문에 죽어간 청년이다. 그러나 그는 죽음을 예감하면서도 죽어가면서도 "별을 노래하는 마음으로 / 죽어가는 모든 것을 사랑해야지"라고 했다. 자신을 고문하는 간수와 벽에 기어가는 바퀴벌레나 노린재와 자신까지도 사랑해야 한다는 말은 우리가 그를 사랑하는 이유다. "그리고 나에게 주어진 길을 / 걸어가야겠다"면서 죽음이 나에게 주어진 길이라면 피하지 않겠다는 젊은 청년의 정신 속에는 두려움보다는 의연함이 보인다. 윤동주 시인은 1917년 중국의 길림성 명동에서 태어나 1945년 2월 16일 일본의 후쿠오카 형무소 감옥에서 사망했다. 그러니까 그는 27년 2개월 18일을 살았다. 그가 죽던 1945년 8월 15일까지 그가 살았다면 그는 아마도 지금까지 살면서 우리나라 문학의 대부가 되었을 것이다. 서정주나 이광수, 최남선 같은 일본 앞잡이들은 국문학사에 발도 들여놓지 못하였을 것이다. 남희철 시인은 그 많은 일본 여행지 중에 왜 윤동주의 흔적을 찾아가 여행했을까? 그것은 그의 가슴 속에 윤동주의 죽음을 안타깝게 여기는 동포의 피가 흐르고 있었기 때문이다. 그의 가슴 속에 같은 시인의 피가 흐르고 있었기 때문이다. 남희철 시인이 이 시를 「동주유감(東柱有感)」이라 제목을 붙인 이유는 윤동주에게 유감이 있어서가 아니다. 윤동주를 그리워할 수 있는 환경이 차차 사라져감에 대한 안타까움의 표현이다. "계절이 지나가는 길목에서 / 시인의 하늘을, 바람을, 별을, / 그리고 시를, 만나고 싶"지만 그럴 수 없는 환경에 유감을 나타내는 것이다.

이것은 시가 아닙니다 속보입니다
결국 세종대왕님의 성씨가 남 씨인 것으로 밝혀졌습니다
그래서 그동안 제가 그렇게 어려웠군요
대왕의 피가 흐르고 있었던 것입니다
그래서 항상 왕따였습니다

- 「긴급 속보」 전문

이 시는 디카시다. 디카시란 디지털카메라로 찍은 사진과 함께 5행 이내의 시를 써서 독자를 만나는 새로운 형태의 시다. 창신대학교 교수를 지낸 이상옥 시인이 처음 주창하였고, 지금은 전국에서 수많은 단체와 지자체들이 디카시백일장을 개최하는 등 스마트폰의 발달로 전국의 모든 사람들이 고성능 카메라를 손에 쥐게 되자 사람들은 꽃이나 나무, 하늘이나 인물 등을 무수히 찍어댄다. 이상옥 시인을 대표로 하는 디카시연구소에서는 디카시 선언문에서 "디카시는 기존 시의 언어를 영상과 문자의 멀티언어로 지평을 넓힌 멀티언어 예술이다. 형태시처럼 문자에 사진을 보조적으로 도입하는 것도 아니고, 포토포엠처럼 완성된 시에 사진을 덧붙이는 방식도 아니다. 디카시는 시인이 직접 자연이나 사물에 감흥한 시적 형상을 찍고 쓰는 새로운 방식의 시이다. 영상과 문자가 한 몸이 되어 시가 된다는 말이다. 디카시에서 영상과 문자는 분리되어 존재할 수 없다"라고 디카시에 대하여 규정하였다. 따라서 디카시는 시 제목에 합당한 영상, 즉 사과 시에 사과 영상이나, 김치 시에 김치 영상을 요구하는 것이 아니라, 공광규 시인의 디카시 「몸뻬바지 무늬」처럼 시의 제목과 전혀 다른 영상을 요구한다. 공광규 시인은 작은 꽃들의 영상을 찍고 "몸매를 잊은 지 오래된 어머니가 / 일바지 입고 밭고랑 논두렁으로 / 일흔 해 넘게 돌아다니다가 돌아가셨습니다 / 벗어놓은 일바지에 꽃들이 와서 / 꽃무늬 물감을 들여주었습니다"라면서 꽃으로부터 어머니의 몸뻬바지를 연상하는 디카시를 창작했다.

남희철 시인 역시 여행하다가 우연히 발견한 '남세종'

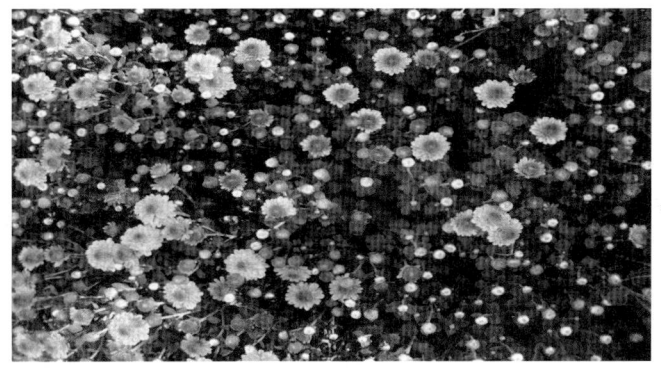
▲ 공광규 시인의 디카시 「몸빼바지 무늬」 사진, 제1회 디카시작품상 수상작

이란 간판과 자신의 성씨 남 씨를 연관시켜 세종대왕이 남 씨였기 때문에 자신이 그의 DNA를 물려받아 시를 쓰는 고통을 겪어야 했다는 아이러니를 생산한 디카시 「긴급 속보」를 창작했다. 필자가 발행하는 ≪스토리문학≫은 2010년대 초 이상범 시조시인 유성호 평론가(한양대 교수), 이상옥 초청해 디카시에 대한 대담을 하고 이를 게재한 바 있다. 현대시가 자꾸만 난해해지고, 독자로부터 외면받을 때쯤 디카시가 일반인들에게 보급되기 시작했고, 지금은 디카시가 범국민운동처럼 확산되고 있는 것은 시의 인구확장이라는 측면에서 매우 반가운 일이다. 나는 지난 학기에 고려대 평생교육원과 한국스토리문인협회의 공동주관으로 제1회 디카시백일장을 개최했고, 2024년 ≪스토리문학≫ 신년호에 당선자들의 작품을 게재하기로 했다. 그리고 내년에도 제2회 디카시백일장을 이어가면서, ≪스토리문학≫ 매 호마다 디카시를

게재하려고 한다.

- 「신춘문예 오라이!」 전문

이 그림을 보고 '이게 무슨 시냐?'고 묻는 사람이 있을 것 같다. '시는 문자 예술이다.'라거나, '시는 교훈이 있어야 한다.'는 생각은 '시는 그리움이다.'라는 틀에 갇힌 것과 같다. 우선 미술의 방법에 대해 생각해 보자. 미술에 있어 그림은 수채, 수묵, 수묵담채, 아크릴, 유화, 콘테, 파스텔, 연필 등 다양한 재료로 표현된다. 그뿐만 아니라 조각과 같은 미술품은 석재, 나무, 철, 브론즈, 시멘트, 끈, 석고, 혼합재료 등 다양하게 표현될 수 있다. 음악도 마찬가지다. 피아노, 바이얼린, 기타, 아쟁, 장구, 북 등 다양한 악기로 음악이 표현될 뿐만 아니라 새소리, 물소리, 동물의 울음소리, 입으로 내는 비트박스 등

수없이 많은 방법으로 현대음악은 표현된다. 그런데 반해 '문학은 문자예술이다'라는 고리타분한 틀에 갇혀 발전해오지 못한 것이 사실이다. 그러나 현대시는 이를 탈피하고 다양한 방법으로 시도된다. 과거의 시가 의미론을 추구하였다면, 현대의 시는 방법론을 지향한다. 남희철 시인의 시는 다양한 방법으로 시도된다. 시는 음악으로 표현될 수 있고, 공간예술로 표현될 수도 있으며, 그림으로도 표현될 될 수 있다. 이 그림 시에서 버스의 종점은 신춘문예다. 김순진이란 정거장을 떠난 버스는 신춘문예 종점을 향해 출발하고 있다. 버스 정류장은 김순진 종점을 시작해 고려대, 장원역, 공모전, 등단역, 신춘역 등이 있다. 이 버스에 탄 승객들은 장원역, 공모전, 등단역 등에서 내려 다른 버스로 바꿔탈 수도 있고 최종 목적지인 신춘문예까지 타고 갈 수도 있다. 고려대 평생교육원 시창작과정의 정춘식 반장이 운전하는 버스에는 반원들인 이동재, 권진숙, 이영순, 윤정한, 이혜숙, 장태숙, 김재숙, 심순영, 황우정, 정영화, 이재하, 이혜준 등의 승객이 승차해 있고, 강장석과 남희철은 중도에서 신춘문예로 향하는 버스에서 내리고 있다. 신춘문예로 달리는 버스에서 강장석은 중도에 하차했고, 남희철은 내가 시를 쓰는 이유는 신춘문예 때문이 아니라 그냥 시라는 버스를 타는 것이 좋았기 때문이라면서 혼자만의 여행을 즐기기 위해 버스에서 내리는 것이다. 참으로 기발한 그림 시다. 남희철 시인은 이 시집에서 정말 다양한 분야의 시를 쓰고 있다. 관찰시에서부터 성찰시, 상상시, 인칭은유심상법의 시뿐만 아니라, 시조, 디카시, 그림시에 이르기까지 남희철 시인은 다양한 방법으로 시를 구가함으로써 독자들에게 다양한 재미를 선사한다.

 시는 그 시대 삶을 반영한다. 전쟁의 시기에는 전쟁 이야기가 주류를 이루고, 가난한 시기엔 가난을 이겨보자는 이야기가 주류를 이루고, 민주화운동 시기에는 민주화에 대한 시가 많이 창작되었다. 그리고 외환위기가 불어닥쳐 IMF(국제통화기금)으로부터 구제금융을 받았을 때는 각자 구조조정과 돈에 대한 소재가 많았고, 최근 몇 년 동안은 코로나19 바이러스를 주제로 한 글을 많이 썼다. 그러나 그것은 아우성이지 시의 진정한 방향이 아니다. 전쟁과 가난, 민주화와 외환위기, 코로나19 같은 것은 시에 소재로 존재할 뿐 주제가 될 수 없다. 시의 진정한 방향은 외부적 요인의 기술이 아니라, 내면에 관한 성찰이다.

 우리는 이 땅에 잠시 소풍을 온 것이다. 영원하지도 영원할 수도 없는 삶이다. 인간은 이 세상에 잠시 왔다 가는 것이라 소유 자체가 불가능한 일인데도 언제든 타버리거나 언제든 주인이 바뀌면 그만일 종이로 된 약속 문서에 이름을 올리고 마치 자기 나라, 자기 땅, 자기 집이라며, 목숨을 걸고 죽을 둥 살 둥 모르고 살아간다. 천상병 시인은 동베를린사건이라는 간첩사건에 연루되어 감옥에서 심한 고문을 당해 바보가 되었지만, 세상살이를 소풍에 비유하면서 하늘로 돌아가게 되면 "가서 즐거웠다고 말하리라"고 노래했다. 천상병 시인의 작품 「귀천」은 엄청난 내면 성찰의 진리를 담고 있다.

이상에서처럼 남희철 시인의 시 몇 수를 읽어보면서 그 마음의 틈새를 들여다보았다. 남희철 시인의 이 시집에 나타나는 주제는 '이슈 없는 세상을 꿈꾸는 성찰의 시학'이다. 그는 사람과 사랑의 틈새에서 갈등한다. 그의 시는 이데올로기에 대해 귀를 닫고, 사물과 현상에 대해 안테나를 세운다. 정치, 전쟁, 무역 같은 이데올로기에 철저히 무관심하며, 소시민의 삶에 관심을 둔다. 무지개와 함박눈보다는 틈새와 골목, 싱그러운 숲과 푸른 바다보다는 윤동주의 죽음과 다방구 친구의 죽음을 노래한다. 그의 시는 환희에 대한 박수가 아니라 소외되는 것들에 대한 응원이다. 그는 사회적 이슈에 무감각하며, 소시민의 일상에 초점을 맞춘다.

이처럼 훌륭한 첫시집의 상재를 진심으로 축하드린다.

남희철 시집

상대성이론의 빈틈

초판발행일 2024년 1월 19일

지은이 : 남희철
펴낸곳 : 도서출판 문학공원
발행인 : 김순진
편집장 : 전하라
디자인 : 김초롱
등　록 : 2004년 3월 9일 제6-706호
주　소 : (우편번호 03382)서울 은평구 통일로 633
　　　　 녹번오피스텔 501동 302호 스토리문학사
전　화 : 02-2234-1666
팩　스 : 02-2236-1666
홈페이지 : https://blog.naver.com/ksj5562
이메일 : 4615562@hanmail.net

※ 잘못된 책은 교환해 드립니다.
※ 책값은 뒤표지에 있습니다.